Für
Eric Yaw
in unendlicher Dankbarkeit

Vorwort

Es gibt unzählige Geschichtsschreiber, die detailgetreu und historisch genau das Staatswesen der DDR untersucht haben. Mit meinen und unseren Gedanken über das Leben und mein und unser Leben in der DDR, meinen und unseren Plänen, dieses Land zu verlassen, komme ich über persönliche Wertungen nicht hinaus und erhebe auch diesen Anspruch nicht. Doch was ist ein Volk ohne seine Atome, seine Menschen. Ich war ein solches Atom und die Dramatik dieser Geschichte spiegelt wider, dass Menschen dazu gebracht wurden, ihr Leben aufs Spiel zu setzen, um in Freiheit leben zu können. Ich bin kein Einzelfall.

Allerdings macht mich der Umstand glücklich, dass kurze Zeit nach unserer Flucht kein Mensch mehr an der Mauer sein Leben riskieren musste, um über einen Strich in der Landschaft zu gelangen, über eine Rasierklinge zu springen mit unbekanntem Ausgang.

Die Unmenschlichkeit des Systems muss dauerhaft im Gedächtnis der Deutschen wach gehalten werden. Wir haben die Pflicht, unseren Kindern zu erzählen, wie es wirklich war in der DDR und wie Macht missbraucht werden kann, wenn wir nicht aufpassen, wenn wir nicht gegen klare Anzeichen dieser Art etwas tun. Wir haben aber auch die Pflicht zu zeigen, dass wir, die Menschen in diesem Staat, kulturvoll lebten. Jedes auch noch so unmenschliche System hat Bürger, die lachen und weinen, lieben und arbeiten, musizieren und tanzen. Wir lachten und waren verbittert, wir weinten und waren froh, wir arbeiteten und fluchten. Von politisch Verbohrten ließen sich nur wenige verführen.

Über das normale unnormale Leben in diesem Staat, der bis zum Zeitpunkt meiner Flucht meine Heimat war, von den vielen Mühen, das tägliche Leben zu organisieren und gegen staatliche Willkür zu stehen, schreibe ich.

In ein sicher scheinendes System hineingeboren, vom Staat kontrolliert und gelenkt, wuchs ich als Mitglied einer Schafherde auf und war auf dem besten Weg, nicht zu murren und alles hinzunehmen, was vorgegeben wurde. Um ein gutes Mitglied einer Schafherde zu sein, muss man in erster Linie ein Schaf sein. Nach und nach trennte ich mich von der Schafherde, bis ich einen folgenschweren Entschluss fasste.

Im Leben eines jeden Menschen gibt es unterschiedliche Momente, die tiefgreifende Veränderungen mit sich bringen. In diesem Buch erzähle ich über den dramatischsten Moment meines Lebens. Mut will ich allen Menschen machen, sich mit einengenden und begrenzenden Verhältnissen nicht einfach abzufinden, sondern aktiv die Geschicke des eigenen Lebens zu lenken.

Freunde, Familienmitglieder und meine Schüler inspirierten mich, aufzuschreiben, was ich erlebt habe.

Ich wünsche Ihnen Vergnügen beim Lesen!

Ihr Hans-Peter Spitzner

Auf dem Weg zum guten Mitglied einer Schafherde

Es gibt zwei Ereignisse im Leben eines jeden Menschen, an die er sich nicht erinnern kann. Das eine ist der Anfang, die Geburt, das andere das Ende seiner Existenz. Sicher ist das auch gut so. Aussuchen kann sich keiner den Platz, auf dem einen das Licht der Welt zum ersten Mal kitzelt. Es hätte mich schlimmer treffen können.

Das Vogtland, zwischen dem Erzgebirge im Osten und dem Böhmerwald im Süden gelegen, ist ein wahrhaft schönes Stück unserer Erde. Die Menschen wollen es im Leben zu etwas bringen. Sie sind fleißig und ordentlich. Ihre Häuser haben sie solide gebaut, auch wegen des rauen Klimas. Die Ordnungsliebe wird einem sozusagen in die Wiege gelegt.

Inmitten der schönen Berglandschaft dieses Landstriches liegt das malerische Städtchen Auerbach. Gleich drei monumentale Wahrzeichen begrüßen den Besucher, schon bevor er die Stadt erreicht. Eines ist die evangelische Kirche „St. Laurentius". Bereits zum achten Mal wurde diese Kirche an gleicher Stelle errichtet. Mit ihrem mächtigen oben gerundeten und durch die Jahre mit grüner Patina überzogenen Turm, der von einer sehr soliden Bauweise zeugt, ist sie ein Beweisstück für die Kraft, die in dieser Region steckt. Trotzdem wirkt der Turm filigran. Zeigt er doch unter dem Dach zahlreiche längliche Öffnungen, die dem Bau eine unverwechselbare Form verleihen und das Dach so erscheinen lassen, als ruhe es auf Säulen. Etwas eleganter, aber nicht weniger imposant, erhebt sich am anderen Ende der Stadt der 1912 erbaute Turm der katholischen Kirche „Zum Heiligen Kreuz". Es scheint als wolle er das Gleichgewicht zu seinem etwas kräftigeren Bruder herstellen. Die beiden Kirchtürme haben gewissermaßen den Schlossturm als drittes Wahrzeichen in ihre Mitte genommen. Schon von Weitem ist er an seinem schlanken

Hals sowie seiner runden Dachform erkennbar und zeugt von alter Bautradition. Sein rotes Ziegeldach wirkt wie ein schöner Hut. Die Steine seiner unverputzten Mauern verkörpern Wehrhaftigkeit. Der Schlossturm als Rest einer ehemaligen Burganlage überragt in seinem imposant und gleichzeitig elegant wirkenden Baustil die gesamte Stadt und ist von fast jedem Winkel Auerbachs als der markante Punkt des Stadtzentrums wahrzunehmen.

Das Göltzschtal und die umliegenden Berge des Mittelgebirges sind Grund dafür, dass die meisten Straßen ein mehr oder weniger starkes Gefälle aufweisen. Besonders im Winter war das für uns Kinder eine gute Gelegenheit, als der Verkehr noch nicht so dicht wie heute war, um mit allem Möglichen unter dem Hinterteil auf dem Schnee dahinzugleiten. Der Winter dauerte in der Regel zwei Wochen länger als auf dem flachen Land und wir nutzten die weiße Straße gern als Rutschbahn.

In diesem schönen Stück Deutschland wurde ich am 2. Mai 1954 geboren. Nicht lange dauerte es und das Leben lehrte mich, dass es kein einfaches werden sollte.

Die erste Hürde stellte meine eigene Mutter dar.

Als ihr erstes Kind, mein Halbbruder, geboren wurde, nutzte sie noch den glücklichen Umstand, dass ihre Eltern, die als Zahnarztehepaar in Berlin lebten, sich um den kleinen Wurm kümmerten. Meine Mutter setzte andere Prioritäten und konnte oder besser wollte sich nicht um ihr Erstgeborenes kümmern. Als attraktive, schwarzhaarige und vollbusige Schönheit war sie bei einem Zahnarzt als Helferin angestellt. Ein guter Ort, um zahlreiche Bekanntschaften zu schließen. Und so kam es, wie es kommen musste. Der Fruchtbarkeitsgott erteilte erneut seinen Segen und ich war unterwegs.

Wohin mit mir? Ein Kind, das mehr störte, als dass es willkommen war. Ein weiteres Kind zu den Eltern nach Berlin zu schicken, verbot sich von selbst. Mit dem ersten hatte sie das Entgegenkommen der immerhin schon älteren Herrschaften mehr als genug strapaziert.

Als alleinstehende Frau war sie auf jeden Groschen angewiesen und wollte und konnte ihre Arbeit nicht aufgeben. Mein Vater, ein angesehener und obendrein verheirateter Lungenfacharzt, war nicht greifbar. Er wollte unerkannt bleiben. Bis zu einem Gerichtsurteil leugnete er die Vaterschaft. Erst eine Blutprobe erbrachte den Beweis. Was macht man mit einem Kind, für das niemand Zeit aufbringen konnte. Es blieb nur noch ein Ausweg. Meine Mutter brachte mich in das Kinderheim der kleinen Stadt Rodewisch nahe Auerbach. Dort gab es ein Säuglingsheim, das Kinder während der Woche aufnahm. 1954 gehörte der Samstag noch zu den Arbeitstagen. Also war das eine Möglichkeit, mich während der Arbeitswoche loszuwerden. So vergingen die ersten zwei Jahre meines Lebens zwischen der Ungewissheit am Wochenende abgeholt zu werden und dem Kampf, sich gegen andere Heimkinder durchzusetzen. Misstrauen wurde bereits in dieser Zeit zu einer manchmal sehr vorteilhaften, meist aber wenig nützlichen Eigenschaft meines Charakters.

Das Jahr 1957 neigte sich langsam dem Ende entgegen. Der Winter überzog alles mit einem weißen Tuch. Bald war Weihnachten. Im Kinderheim wurden die Dienstpläne für die Weihnachtszeit ausgearbeitet. Wer von den Schwestern an den Weihnachtstagen Dienst tun sollte, stand noch nicht fest. Keine hatte Lust, gerade diese Zeit im Heim zu verbringen. Was sollte mit den drei Kindern geschehen, die voraussichtlich wieder nicht abgeholt werden würden? Die Schwestern ersannen einen Plan. Sie wollten die Kinder aufteilen und mit in ihre Familien nehmen. Einerseits brauchte so keiner der Mitarbeiter in das Heim zu kommen und andererseits hatten auch die Kinder mehr davon, Weihnachten in einer Familie, wenngleich auch nicht der eigenen, zu erleben. Der Zufall meinte es sehr gut mit mir.

Gudrun, eine der drei Schwestern und selbst gerade mal siebzehn Jahre jung, hatte beschlossen, mich mit zu ihren Eltern zu nehmen. Sie selbst stammte aus einer intakten Familie. Ihr Vater Erich war ein beliebter Krankenpfleger, der in seiner Freizeit dem halben Dorf Ellefeld den Blutdruck maß. Dann sah er aus wie der Herr Doktor persönlich. Sein gewelltes Haar und seine stattliche Figur flößten Respekt ein. Die Mutter war der Anker der Familie. Eine kleine rundliche Frau, immer in Bewegung, resolut und sehr liebenswert. In Erinnerung sind mir ihre vom ständigen Umgang mit Wasser aufgesprungenen, rauen Hände geblieben. Sie gehörten zu ihr, auch wenn sie darunter litt. In einem Sanatorium verdiente sie ihr Geld. Es war ein Sanatorium der Regierung. An ihren Spruch „Ich habe schon alle Regierungsmitglieder nackt gesehen." kann ich mich noch gut erinnern. Sie betreute den Bäderbereich. Ihre Tochter Ingrid mit den blonden Locken, die Jüngste der Familie, besuchte noch die Schule.

In diese ihre Familie nahm mich Gudrun Weihnachten 1957 mit. Mit staunenden Augen nahm ich alles wahr. Fasziniert war ich von der Uhr, die auf dem Büffet stand und die zu jeder Viertelstunde einen unverwechselbaren Glockenschlag von sich gab. So etwas kannte ich bisher aus meiner kleinen Heimwelt nicht. Sie gehört in meinen Erinnerungen zu dem Haus wie die Katze Minka. Minka war weniger eine Katze, sondern vielmehr eine Erscheinung. Küchenabfälle machten aus ihr eine runde Kugel. Ingrid nahm sie regelmäßig mit ins Bett und wurde dafür ebenso regelmäßig ausgeschimpft.

Zum Haus gehörte ebenso der Geruch nach Gebratenem und Gebackenem. Noch heute ist er mir als unvergleichlicher Duft in guter Erinnerung. Im Heim roch es anders. So stellte ich mir ein zu Hause vor. Hier hätte ich bleiben wollen. Das Haus nahm mich auf, als wäre ich schon immer hier gewesen. Die Südstraße 73 hatte etwas Anheimelndes, etwas Unverwechselbares an sich, etwas, was man nie vergessen kann. Auch die dunklen auf Hochglanz polierten riesigen Schlafzimmermöbel sind Teil meiner Erinnerungen. Solche Möbel gab es im Heim nicht. Dort hatten die Betten Gitterstäbe und standen frei im Raum, sie boten keinen Schutz. Die Zimmer waren eher Säle als Räume, die uns Heimkindern keine Rückzugsmöglichkeit boten. Immer waren wir in einer Gruppe, stets unter Beobachtung.

Im Elternhaus Schwester Gudruns gab es Toiletten, die diese Bezeichnung eigentlich nicht so richtig verdienten. Sie befanden sich im Gang des Hausflures. Schon auf dem Gang war ein unangenehmer, beißender Geruch zu vernehmen. Zwei Toiletten oder besser die Sitzhäuser, waren nebeneinander angeordnet. Ich benutzte immer die hintere, damit keiner vorbeigehen und mich stören konnte. Sie bestand aus einem quer angeordneten Sitzbrett mit einem runden Loch in der Mitte. Im Winter zog es unheimlich. Neben der Sitzgelegenheit stand ein Wasserkrug. An der Wand hing auf einem Faden in gleich große Stücke geschnittenes Zeitungspapier. Das war sehr interessant. War es nicht zu kalt, schmökerte ich gern in diesen journalistischen Miniaturen.

Kühlschränke waren in dieser Zeit noch die Ausnahme und so wurde alles, was zu kühlen war, in den Keller gebracht. Eine steile Treppe führte in den stets feuchten Raum. Auf halber Höhe gab es einen Verschlag, in dem die Butter, die Wurst und das Fleisch gelagert wurden. Vorausgesetzt, dass diese Raritäten vorhanden waren! Die Gerüche des Kellers nach Feuchtigkeit, nach Moder, nach Kartoffeln, Holz und Kohlen sind ein bleibender Teil eines Konglomerats aus Erinnerungen.

Noch mehr faszinierte mich der Fußboden des Untergelasses. In regelmäßigen Abständen waren Vertiefungen eingeritzt, die dazu dienten, eingedrungenes Grundwasser zu sammeln und abzuleiten. Vorher hatte ich so etwas noch nicht gesehen und es war mir fast unheimlich. In den Stadthäusern, in denen ich mich sonst aufhielt, gab es das nicht. Das Haus in Ellefeld vermittelte einen Eindruck echter, im wahrsten Sinne des Wortes zu deutender, Bodenständigkeit.

Hinter dem Haus war ein Schuppen. Erst später sollte ich erfahren, welch ein Schatz sich darin verbarg. Es war eine alte NSU. Ein Motorrad, schwarz lackiert, das einen unverwechselbaren Klang und eine geniale Stromlinie besaß. Manchmal durfte ich später mitfahren und ab und zu verbrannte ich meine Beine am Auspuff, der nicht geschützt war. Hinter dem Schuppen erhob sich steil der Hang des zum Haus gehörenden Grundstücks. Ein riesiger Baum mit Petersbirnen überragte den Schuppen. Warum die Birnen wohl den gleichen Namen wie ich trugen?

All diese Bilder sind Teil meines Lebens. Sie sind jederzeit abrufbar und mir sehr wichtig. Das Haus wurde zu einem Teil meines Lebens.

Die Vorbereitungen für Weihnachten liefen auf vollen Touren. Jeder hatte alle Hände voll zu tun. Alle wurden eingespannt. Ich wurde in die Ecke des großen Sofas im Wohnzimmer gesetzt. Unsicher schaute ich dem Treiben zu. Der Heiligabend wurde vorbereitet. Kein Fest hat im Vogtland eine größere Bedeutung und Tradition wie das Weihnachtsfest. Der Tannenbaum wurde geschmückt, die Stollen vom Schlafstubenschrank geholt und sämtliche Geschenke aus den Verstecken hervorgekramt. Unvergessen ist das Festessen am ersten Weihnachtstag. Vogtländische Klöße, aus rohen und gekochten geriebenen Kartoffeln zubereitet, werden zu Gänsebraten sehr gern gegessen.

Eine Sache war etwas ganz Besonderes. Draußen war es sehr kalt. Der Winter hatte kein Erbarmen und warme Kleidung hatte ich nur sehr wenig. Im Schnee spielen zu können und dabei nicht zu frieren, welches Kinderherz schlägt da nicht höher. So setzte sich die Mutter der beiden

Mädchen am Heiligabend an die Nähmaschine und nähte mir aus alten Stoffresten einen warmen Wintermantel. Eine Nachbarin half beim Zuschnitt und steuerte noch ein paar Stoffreste für einen Kragen aus schwarzem Samt bei. Gibt es ein schöneres Geschenk?

Diese erste Begegnung mit einer so großartigen Familie sollte den Anfang einer bis heute währenden Verbindung darstellen. Sie prägte und veränderte mein Leben in ungeahnter Weise. Endlich hatte sich jemand meiner angenommen und war mir zugeneigt. Ich wurde nicht wie ein ungeliebtes Möbelstück von einer Ecke in die andere geschoben. Es sollte nicht meine einzige Begegnung mit dieser Familie bleiben. Gudrun hatte mich in ihr Herz geschlossen und auch der Rest der Familie war mir zugetan. Eigentlich hatte ich eine Mutter, doch die zeigte sich nur noch selten. Die Wochenenden, an denen ich aus dem Heim zu ihr durfte, wurden immer weniger. Immer öfter wartete ich vergebens auf den erlösenden Ruf der Schwestern: „Peter! Du wirst abgeholt. Zieh Dich bitte an …!".

Eines Tages meldete sich eine zierliche Frau im Kinderheim, um nach einem eventuell später zu adoptierenden Kind Ausschau zu halten. Das Kuriose an der Sache war, dass sie im Auftrag einer Freundin unterwegs war. Diese hatte durch einen Badeunfall ihren Sohn auf tragische Weise verloren und wollte nun ein Kind annehmen. Es kam zu der glücklichen Fügung, dass Gudrun der zierlichen Frau anbot, mich doch in die engere Wahl zu ziehen und mich in den Abendstunden und an den Wochenenden abzuholen, um mich näher kennen zu lernen. Aus der Absicht wurde die Tat. Von nun an bekamen die Wochenenden für mich ein Gesicht. Besser gesagt zwei, denn zu der Frau gehörte noch Werner, ihr Mann.

Ich lernte die Familie kennen, die eigentlich gar nicht meine Familie werden wollte. Mir war das damals nicht bekannt und auch einerlei. Mir war es nur wichtig, nicht dauernd im Kinderheim bleiben zu müssen. Raus aus dem Heim, keine Kämpfe um Machtpositionen in der Hierarchie der kindlichen Welt, keine Einhaltung fest vorgeschriebener Zeitabläufe. Endlich drehte sich alles um mich. Schön war es im Mittelpunkt zu stehen und Familie zu spüren. Aber es blieben immer nur kurze Momente des Glücks. An der Tür zum Heim endeten sie wieder so schnell, wie sie begonnen hatten. Die Sehnsucht nach familiärer Geborgenheit machte mich krank. Auch schien das Glück nicht auf meiner Seite zu sein, denn die Freundin der zierlichen Frau hatte sich kurzerhand für die Adoption eines Mädchens aus der näheren Umgebung entschieden und sagte so mir nichts, dir nichts ab.

Mit Fieber lag ich im Bett. Gudrun kam auf den Gedanken in Auerbach anzurufen und die Familie, die eigentlich ursprünglich selbst kein Interesse hatte, ein Kind zu adoptieren, die sich aber zeitweise in der Vermittlerrolle befand, über meinen Gesundheitszustand in Kenntnis zu setzen. Am gleichen Nachmittag stand die zierliche Frau mit ihrem Mann an meinem Bett. Mein Fieber schien wie weggeblasen und ich rief ihr das erste Mal „Mami" zu. Es gab kein Halten mehr, ich wollte mitgehen. Der Wunsch wurde mir erfüllt. Die Bindung zu dieser Familie wurde immer enger und fortan waren es Mami und Vati für mich. Endlich schien ich eine Familie zu haben. Wäre da nicht noch meine leibliche Mutter gewesen, die das Sorgerecht besaß.

Nach einigen Monaten, vielen Formalitäten und bangem Warten war es dann soweit. Meine leibliche Mutter verzichtete auf mich. Sie ließ mich fallen wie andere ein schmutziges Taschentuch, das seinen Dienst verrichtet hatte und nicht mehr gebraucht wurde. Auf so unkomplizierte Weise war sie ein Problem losgeworden, mich! Natürlich bekam ich davon nichts mit. Erst später fügte sich alles durch die Erzählungen meiner neuen Eltern zu einem großen Ganzen und ich konnte den Verlauf der Ereignisse

deuten. Es lief gut für mich. Ein Pflegevertrag mit der Jugendhilfe besiegelte meine neue Heimat. Ich hatte ein Zuhause gefunden. Es begann mein Leben. Alles war sensationell und aufregend und anders. Keine Massenabfertigung mehr. Als einziges Kind drehte sich alles um mich. Ich sollte, ich konnte, ich durfte, ich musste …
Einfach herrlich!
Die neue Lebenskonstellation war für mich und meine Pflegeeltern ein Lernprozess. Neu und ungewohnt war das Miteinander. Wir wohnten in einem großen vierstöckigen bürgerlichen Eckhaus. Hohe Decken und wuchtige Mauern ließen die Menschen, die es mit Leben erfüllten, klein wirken. Das Haus hatte auch eine schwere Eichenholztür, die ich nur mit Mühe aufbekam. Die Treppen waren breit und aus Stein. Automatisch sprach ich hier leiser. Rechts unten im Erdgeschoss wohnte eine Schneiderin, die man, wenn sie schon nicht zu sehen war, sich häufig laut und durchdringend räuspern hörte. Später war ich sehr oft bei ihr. Bei Tante Hildegard und Onkel Egon drehte ich hunderte genähte Ärmel von links auf rechts, schälte Kartoffeln um die Wette und spielte mit Uli, ihrem Sohn. Eine Treppe höher lebte eine Familie, die eine Textilfirma betrieb, in der Oberhemden genäht wurden. Ein Zimmer ihrer großen Wohnung hatte sie an ein alleinstehendes Fräulein untervermietet. Darüber wohnte eine seltsame Gemeinschaft, die mir nur deshalb auffiel, weil es da eine alte Frau gab, deren Rücken eine große Beule verunstaltete. Kaum drehte sie mir den Rücken zu, machte ich mich über sie lustig, indem ich ihre gebückte krumme Haltung imitierte. Regelmäßig wurde ich dafür gescholten. Es reizte mich jedoch immer wieder. Wir selbst wohnten im dritten Obergeschoss. Uns gegenüber lebten eine alleinstehende Frau mit ihrer Tochter und ein Lehrer für Kunst. Der Lehrer, Herr Hildner, malte sehr schön. Seine Katzenbilder fand ich toll. Er sah

jedoch immer ein wenig verwahrlost aus. Sein weißes ungekämmtes Haar hatte etwas Geheimnisvolles an sich.

Unsere Wohnung mit den hohen Räumen, dem langen Korridor sowie dem Herd, der mit Kohlen beheizt wurde und der eine große emaillierte Wasserwanne an der Seite hatte, ist mir noch gut in Erinnerung. Jederzeit stand heißes Wasser zur Verfügung. Allerdings nur, wenn es draußen kalt war und geheizt werden musste. Die Küche hatte auch einen kleinen Balkon, ideal um im Sommer in einer Zinkbadewanne herumzuplanschen. Später riss ihn der Hausbesitzer wegen Baufälligkeit ab. Zur Wohnung gehörte noch ein Schlafzimmer, in dem ein altes schönes Klavier stand und ein Wohnzimmer mit einem bis fast unter die Decke reichenden Kachelofen. Seine glasierten grünen Kacheln waren stark gemustert. Für mich war es kein Ofen, es war ein Kunstwerk. Das letzte Zimmer im Gang sollte allein für mich sein. Ein eigenes Zimmer! Es war ein Schlauch mit einer weiteren Verbindungstür zum Wohnzimmer. Durch das Schlüsselloch konnte ich stets genau beobachten, was im Wohnzimmer vor sich ging.

Einige Jahre später kauften wir uns ein Fernsehgerät. Es mag wohl einer der ersten Fernseher im Haus und wahrscheinlich auch in der Straße gewesen sein. Jedenfalls waren an den Samstagen immer zahlreiche Nachbarn zu Gast, immer nur Männer, um Fußball zu schauen. Ich erinnere mich auch daran, dass es sehr kontrovers zuging, da nicht alle Zuschauer die gleiche Mannschaft siegen sehen wollten. Das Schlüsselloch ermöglichte mir zu sehen, was gerade im Fernsehen lief. Erst sehr viel später erfuhr ich, warum das Fernsehbild immer dann, wenn ich durch die kleine Türöffnung lugte, ganz anders, nämlich sehr milchig und unklar aussah.

Als ich noch klein war, war Westfernsehen in der DDR verboten. Da Kinder im Allgemeinen die Wahrheit sagen, wollten meine Pflegeeltern kein Risiko eingehen und stellten erst dann die Westantenne, die sonst immer hinter der Gardine versteckt war, auf, wenn ich schon im Bett war. Oder besser gesagt, sie glaubten, ich wäre es. Über den Sender „Ochsenkopf" konnte im Vogtland die ARD empfangen werden. Eine Antenne auf das Dach, den Balkon oder den Boden zu stellen, konnte großen Ärger bringen. Zeitweise forderte die Freie Deutsche Jugend (FDJ) ihre Mitglieder dazu auf, bereits montierte Antennen von den Dächern zu holen. Ließen sich die Metallkonstruktionen schwer entfernen, wurden sie kurzerhand abgebrochen. Wessen Eigentum die Antennen waren, interessierte dabei die Schergen der SED nicht. Ihr ideologischer Auftrag bestand darin, den Empfang der Informationen vom Klassenfeind zu verhindern. Doch die Aktionen konnten nicht verhindern, dass weiter Westfernsehen gesehen wurde. Im Verborgenen!

Das Grundstück unseres Mietshauses grenzte an das eines Schulfreundes meines Pflegevaters. Es war riesig und mit drei großen Garagen für Lastwagen bebaut. Unter den Toren, damals war noch nicht alles betoniert, hatte sich der Schäferhund eine Kuhle gebuddelt. Durch diese kroch er, wenn er einen Eindringling vermutete, blitzschnell hervor. Mich hat dieser Bewacher sehr oft zu Tode erschreckt.

Nur so kann ich es mir erklären, dass ich ohne weitere erkennbare Gründe bis zu meinem dreizehnten Lebensjahr in regelmäßigen Abständen im Schlaf geschrien habe. Ob es Gründe gab, die aus meiner Zeit im Kinderheim herrührten, entzieht sich meiner Kenntnis.

Im Vergleich zu der engen und mich einengenden Welt des Heimes war meine neue Umgebung groß und ungewohnt. Ich musste mich umstellen und anpassen. Die letzte Eigenschaft fiel mir besonders schwer und das bis heute. Meine neuen Eltern waren sehr kontaktfreudig. Ständig waren wir unterwegs und besuchten Freunde oder unsere Wohnung war das Ziel zahlreicher Bekannter.

Meine Pflegemutter war eine umtriebige Frau mit einem großen Herzen. Als Sekretärin hielt sie sich aus politischen Diskussionen heraus. Anders mein Pflegevater. Nach dem Zweiten Weltkrieg war er beim Wismuthandel beschäftigt und trat in die CDU ein. Nein zu sagen fiel ihm schwer und so wurde kurzerhand bestimmt, dass er den Posten des Bürgermeisters in dem Dorf Reumtengrün nahe Auerbach anzutreten hatte. Der CDU stand laut Verteilerschlüssel der SED dieser Posten zu. Mit freien und ergebnisoffenen Wahlen hatte das nichts zu tun. Nach dem Prinzip „Teile und herrsche" wurde den Blockparteien die Möglichkeit der Machtpartizipation eingeräumt. Seht her, wie gut doch die Kommunisten sind, sie lassen auch einen Mann aus der CDU Bürgermeister werden. Der Machtanteil der CDU, der LDPD und der NDPD war jedoch unbedeutend. An den Schaltstellen des Staates saßen nur SED-Genossen. Mit meinem Pflegevater sprach ich erst sehr viel später über Politik. Ich war stets anderer Meinung als er. Ich hasste seine Angepasstheit, sein Duckmäusertum und seine Art, das System zu unterstützen. Er sah seine Arbeit als eine Form der Opposition im Stillen an. In diesem Punkt gab es für uns keine gemeinsame Basis. Trotz unserer politisch unterschiedlichen Haltungen war er ein liebevoller Mensch, ein Vater, wie ich ihn mir besser nicht wünschen konnte.

Auf unserer Straße wohnte auch Erwin, Kind einer Übersiedlerfamilie aus Ungarn. Er wurde mein Freund. Mit ihm erkundete ich die Gegend. Wir versteckten uns auf dem Dachboden, lasen in alten Doktorbüchern, pinkelten in Reagenzgläser, erhitzten das Ganze und waren beim Siedeverzug sehr erstaunt. Wir stellten auf den Balken Kerzen auf und beinahe wäre auch einmal der Dachstuhl abgebrannt, wenn wir es nicht rechtzeitig bemerkt hätten. Wir jagten Katzen und ärgerten die Mädchen der Nachbarn. Dabei löste ich auch die Bremsen eines Puppenwagens, der dann die Straße hinabrollte und gegen einen Zaun prallte. Der schöne Bezug war hinüber, die Eltern des Mädchens ließen den Wagen neu beziehen und meine Eltern mussten die unglaubliche Summe von 15 Mark bezahlen. Ich ließ es mir nicht nehmen, von meinem Taschengeld den Betrag in Raten abzustottern. Beeindruckt war ich, wenn ich meinen Freund Erwin zu Hause besuchte und seine strenge Großmutter ihn zwang, durch seine angewinkelten Arme einen Stock zu schieben, um nicht krumm zu sitzen. Eine etwas eigentümliche Methode, die mir unbekannt war und der ich mich auch nie unterziehen musste.

Von mir unbemerkt spielte sich in dieser Zeit die administrative Gestaltung des Pflegevertrages ab, mit dem mein Verbleib bei den neuen Eltern auf eine dauerhafte Basis gestellt wurde.

In deutlicher Erinnerung ist mir noch das erste Weihnachtsfest in Auerbach geblieben. Plötzlich stand da im Wohnzimmer ein Schaukelpferd aus Holz. Angestrichen wie ein Apfelschimmel, lachte es mich an. Und da war noch die überdimensionale weiße Holzpyramide. Neben dem Kachelofen war sie auf einen großen Tisch gestellt worden, rundherum standen kleine Figuren und Bäumchen. Einem Märklin Metallbaukasten aus Vorkriegszeiten schenkte ich allerdings wenig Aufmerksamkeit, er landete schließlich wieder eingemottet auf dem Boden. Die vielen Einzelteile sowie die unzähligen gelochten Metallstreifen unterschiedlicher Länge verwirrten mich eher, als dass sie technische Leidenschaft in mir entfachten.

So vergingen die ersten Jahre. Ich wuchs heran wie jedes Kind in diesem Alter. Nichts erinnerte mehr an die Zeit in Rodewisch. Die Schulzeit kam unaufhaltsam näher. Die Einschulung war erst nach einer ärztlichen Untersuchung möglich. Alles kein Problem. Sprachlich war ich sehr gut entwickelt, zwar etwas mager und für mein Alter nicht gerade ein Riese, aber es war noch im Bereich des Durchschnitts. Wäre da nicht dieser unmögliche Doktor gewesen, der mir partout bei der Untersuchung die Unterhose herunterziehen wollte. Da hörte für mich der Spaß auf. Schnell entzog ich mich dieser peinlichen Prozedur und riss aus. Was das mit der Schule zu tun hatte, konnte ich nicht verstehen. Der Arzt war überzeugt, dass ich auch ohne die hochnotpeinliche Beschauung für die Schule geeignet war.

Mein Weg war vorgegeben, Abweichungen nicht möglich. Im Alter von sechs Jahren wurde ich eingeschult und Jungpionier. Ich war stolz auf die äußeren Zeichen einer Gruppe, zu der ich fortan gehören durfte. Gruppendynamik erfasste die leicht zu beeinflussenden Kinder. Pioniernachmittage sollten das Wir-Gefühl stärken und unsere politische Geradlinigkeit herstellen.

Die ersten Schuljahre waren für mich ein Horrortrip. Spaß war etwas anderes. Es war für mich schwer verständlich, dass ich nicht gleich auf die Fragen der Lehrer antworten durfte, wenn ich die Antworten parat hatte. Warum denn erst melden? Warum nicht gleich sein Wissen an den Mann bringen?! Immer wieder wurde ich ermahnt und immer wieder wurden meine bedauernswerten Eltern in die Schule bestellt. Nach einiger Zeit hatte ich mich daran gewöhnt. Um nicht als Klassenkasper der Prügelknabe zu werden, lernte ich schnell, dass starke Freunde gewisse Vorteile mit sich brachten. Stefan war der Sohn eines Fleischermeisters aus der Nachbarschaft und der Stärkste in der Klasse. Mein neuer Schulfreund!

Meine Pflegemutter hatte am 6. Februar Geburtstag und just an diesem Tag gab es die Halbjahreszeugnisse. Nicht, dass ich Angst vor den Noten in Mathe und in Lesen hatte. Nein, in diesen Fächern kam ich sehr gut mit und hatte nicht die geringsten Probleme. Das Problem war die Zensur in Betragen. Immer wenn ich von der Zensurenausgabe nach Hause kam, hatte die wartende Geburtstagsgesellschaft nichts Blöderes zu fragen, wie denn die Zensuren in diesem Jahr ausgefallen waren. Wie ich sie alle hasste! Konnten sie nicht etwas anderes fragen! Jedes Mal war es für meine Mutter ein schmerzlicher Augenblick, wenn ihre Augen auf die linke Zeugnisseite schwenkten. Wie gern hätte sie mit mir etwas angegeben. Den Gefallen habe ich ihr bis zur siebenten Klasse nicht tun können. Gewollt hatte ich schon, nur die Lehrer offensichtlich nicht. Außerdem, warum musste sie ausgerechnet am 6. Februar Geburtstag haben, selber Schuld!

Aus der Schulzeit sind mir einige Lehrer in lebendiger Erinnerung geblieben, so auch Herr S. oder Schliff, wie wir ihn nannten. Er war halbseitig gelähmt. Wir durften ihm immer die Aktentasche zu seinem Dreirad tragen. Er war streng und ungerecht. Die Mädchen bevorzugte er, weil er ihnen oft die Beine tätscheln durfte. Es sollte Lob für gute Mitarbeit sein. Natürlich! Ein anderer Lehrer, Herr Bauer, unterrichtete uns in Geografie, Russisch und Astronomie. Für seine Strenge war er berüchtigt. Keiner wagte auch nur einen Mucks zu machen. Gelernt haben wir bei ihm sehr viel. Die Strenge hat uns nicht geschadet. Im Gegenteil, wir profitierten. Herr Mothes war viele Jahre unser Klassenlehrer. Er war eine gute Seele und wir verstanden uns sehr gut. Jetzt änderte sich auch meine Betragensnote. Die Geburtstage meiner Mutter verloren von da an ihren Schrecken. Endlich konnte mein Zeugnis herumgezeigt werden. So vergingen die Jahre meiner Schulzeit.

Der Zeit als Jungpionier und Thälmann-Pionier folgte die Mitgliedschaft in der FDJ. Die weißen Hemden und die Halstücher wurden gegen blaue Hemden getauscht. Die ideologische Gehirnwäsche ging weiter. Mit vierzehn Jahren wurden wir für die sozialistische Jugendweihe vorbereitet. Die Teilnahme an der staatlich gewollten Jugendweihe war sozusagen Pflicht, Konfirmation die Ausnahme. Das Beste an der Jugendweihe waren die zahlreichen Geschenke der Verwandtschaft. Sie lenkten vom ideologischen Hintergrund ab.

Inzwischen hatte mein Vater eine neue Stelle in Reichenbach im Vogtland angenommen. Das bedeutete für uns Umzug. Neue Schule, neue Freunde, neue Herausforderungen. Wir zogen in eine neu gebaute Siedlung am Rande der Stadt. Der Schönbacher Marktsteig lag in der Nähe eines kleinen Wäldchens. Warum ist gerade dieser Wald in meiner Erinnerung so präsent? Eigentlich ist an diesem Wald nichts Besonderes, wenn da nicht das Jahr 1968 gewesen wäre.

Ich besuchte die achte Klasse. Es waren gerade Schulferien. Der Sommer war für uns willkommene Gelegenheit, den ganzen Tag in der Natur zu verbringen. Ein altes Moped meines Vaters, eine Simson SR 2E, durfte ich schon mal zur Probe fahren. Natürlich nicht auf der Straße, sondern auf einem Feldweg. In kurzen Hosen versuchte ich das Metallungetüm zu zähmen. Nicht immer mit Erfolg, so dass sich zuweilen beim Kontakt mit dem Feldweg Steine in meine Knie bohrten. Mit dicken Pflastern versehen gab ich natürlich nicht auf, sondern weiter Gas. Doch der ungetrübte Ferienspaß sollte jäh unterbrochen werden. Eines Nachts wachten wir von nicht enden wollendem Motorenlärm auf. Hinter unserem Haus befanden sich ein Feld und der bereits beschriebene kleine Wald. Keine Durchgangsstraße kreuzte unsere Siedlung. Die Ernte war noch nicht im Gange. Was war los? Ein Blick aus dem Schlafzimmer meiner Eltern ließ uns eine Unzahl von großen Fahrzeugen erkennen. Da es dunkel war, blitzten uns nur die Scheinwerfer wie Katzenaugen in der Nacht an. Es waren nicht zwei, vier oder sechs, nein, es waren hunderte. Der nächste Morgen brachte Licht ins Dunkel. Rund um den Wald und auf dem Feld waren unzählige dunkelgrüne Panzer, Lastkraftwagen und andere Fahrzeuge, die etwas seltsam aussahen. In unmittelbarer Nähe der Fahrzeugansammlungen saßen junge Männer in Uniformen. Natürlich war ich neugierig und wollte gleich die Sache aus der Nähe betrachten. Meine Mutter hielt mich davon ab. Ihre Stimme verriet große Unsicherheit, Angst. Was wollten diese Soldaten gerade hier in Reichenbach? Und waren es welche von uns? Nein, ihre Uniformen sahen anders aus als die, die ich kannte. Es waren, so erklärte man mir, Russen. Im Sprachgebrauch war der Begriff Russen nicht erwünscht, nicht politisch korrekt, es sollte von den Soldaten der Sowjetarmee gesprochen werden. Aber der Volksmund hält sich nie an staatlich vorgegebene Formulierungen und so waren es halt die Russen. Nur warum waren sie gerade hinter unserem Haus?

Erst viel später erfuhr ich, dass diese Soldaten auf dem Weg nach Prag waren. Bei uns hatten sie lediglich Station gemacht. In dem Nachbarland hatte sich eine Situation entwickelt, die für die kommunistischen Machthaber eine Bedrohung darstellte. Kluge Köpfe wollten nicht mehr akzeptieren, was die Machthaber vorgaben. Sie schlossen sich zusammen und die reformkommunistische Bewegung gewann derart an Stärke, dass es auch den Russen Angst wurde. Sie befürchteten den Verlust von Einfluss in der Mitte Europas und an der Nahtstelle zum westlichen Gegner. In Prag bekam der Protest viele Gesichter und der Widerstand wurde öffentlich. Menschen gingen auf die Straße und machten aus ihrem Verdruss keinen Hehl mehr. Ich hatte damals keine Ahnung, was da vor sich ging. Die russischen „Befreier" waren folglich unterwegs nach Prag, wo sie den „Prager Frühling" im Keime ersticken sollten. Die jungen und unbedarften Soldaten, die nicht wussten, was sie taten. Sie taten es als Verführte, genau wie in allen kriegerischen Auseinandersetzungen die Soldaten das zu tun haben, was ihnen befohlen wird. Viele Soldaten waren nur ein paar Jahre älter als ich. In ihren Uniformen sahen sie wesentlich reifer und erwachsener aus. Sie flößten mir Respekt ein.

Kurze Zeit nach dem Eintreffen der russischen Armee an unserem kleinen Wäldchen entwickelte sich ein reger Geschäftsverkehr zwischen den Soldaten und den Leuten, die in der Nähe wohnten. Die Soldaten wollten Zigaretten und Schnaps haben. In der Roten Armee gab es nichts dergleichen. Geld besaßen sie keines und so wurde getauscht, was das Zeug hielt. Vor allem gefüllte Benzinkanister konnten sie sehr gut gegen den begehrten Alkohol eintauschen. Das Benzin wurde nicht umgefüllt, nein, man erhielt Benzin und Hülle als Tauschobjekt. Den Soldaten war das völlig egal, Hauptsache der Gegenwert entsprach ihren Erwartungen. Und in der Sowjetunion galt, wie bei uns, das Prinzip des Volkseigentums. Schlechtes Gewissen kam gar nicht erst auf, weder auf der einen noch auf der anderen Seite der Handelspartner. Beide fühlten sich als Gewinner. Sie waren es auch! Als die Benzinkanister zur Neige gingen, hörte der Durst nicht schlagartig auf. Nun wurden russische Uhren getauscht. Sie waren bei uns sehr begehrt, ging ihnen doch der Ruf voraus, dass die Gehäuse aus echtem Gold seien. Ob das stimmte, ich werde es wohl nie erfahren. Sie sahen zumindest so aus. Getauscht wurde alles, was nicht niet- und nagelfest war.

Nach meiner Schulzeit begann meine Lehrzeit, nahtlos und ohne größere Aufregungen. Jeder bekam eine Lehrstelle. Vielleicht nicht immer die, die er oder sie sich wünschte, aber das war Nebensache. Während dieser Zeit war ich weiterhin ein gutes Schaf in der Herde. Ich schaffte es sogar, das „Abzeichen für gutes Wissen" in Gold zum zweiten Mal abzulegen. Gutes Wissen bedeutete hier keinesfalls gutes Wissen auf dem Gebiet der Allgemeinbildung nachzuweisen. Wer all die politischen Phrasen der Regierenden nachbetete, dem wurde „Gutes Wissen" attestiert. Ich konnte gut nachbeten. Bis zu jenem Tag, der mich wachrüttelte: Das Gespräch mit dem Parteisekretär meiner Berufsschule in Greiz.

Der Studienplatz

Schon immer war nicht ganz klar, wozu die Stadt Greiz eigentlich gehört. Manche sagten zu Thüringen, manche meinten, sie gehöre zu Sachsen. Mir war das egal. Greiz verbinde ich mit einem weinenden und einem lachenden Auge. In der Stadt mit dem schönen Schloss, dem dazugehörigen sehr gepflegten Park, einem Ginkobaum, den ich dort das erste Mal in meinem Leben sah, und dem berühmt berüchtigten Greizer Schlossbitter, verbrachte ich drei Jahre meines Lebens. Es war meine Lehrzeit. Weber mit Abitur, zu gut „Neusprech" der DDR hieß das „Textilfacharbeiter mit Abitur, Spezialisierungsrichtung Weberei". Eigentlich wollte meine Mutter, dass ich etwas anderes lerne. Die elektronische Datenverarbeitung hatte es ihr angetan und so sah sie darin schon in den sechziger Jahren die Zukunft schlechthin. Ich allerdings nicht, das war mir zu trocken, zu eintönig. Ich setzte mich gegen den Willen meiner Familie durch. Sie akzeptierten meine Entscheidung. So nutzte ich die Chance zum Abitur zu kommen, über den Umweg der Berufsausbildung mit Abitur.

Ein großes Textilunternehmen, die Greizer Kammgarnspinnereien, bildete auch Weber aus und so bewarb ich mich dort und wurde auch angenommen. Anfangs wusste ich nicht, was alles zu einer textilen Ausbildung gehörte. Das Abitur war der Schlüssel zu einem Studienplatz. Später wollte ich studieren. Das stand fest! Die Lehre gehörte zu dieser speziellen Form der Ausbildung und ohne diese Lehre hätte ich nicht das Abitur machen können, denn mein Vater war kein Arbeiter. Kinder von Arbeitern wurden eher für die Erweiterte Oberschule (EOS) zugelassen. Auf diese Art und Weise wollte man die Arbeiterklasse stärken. Eine sehr fragwürdige Rekrutierung von Intelligenz, bei der die Herkunft und nicht die Leistung im Vordergrund stand. Nicht, dass ich der Meinung bin, Intelligenz ließe sich nicht aus jeder Bevölkerungsgruppe bilden, nein, das war nicht das Problem. Ein Problem hatte ich mit der Ausgrenzung einer Gruppe. Warum sollte die Herkunft ein Hindernis für das persönliche Vorankommen darstellen? Wer nicht der Abeiterklasse angehörte oder aus der kollektivierten Landwirtschaft stammte, dem wurden Bildungschancen entzogen. Die Herkunft also schränkte Bildungschancen ein oder eröffnete sie. Der Staat entschied und verbohrte Ideologen nahmen sich das Recht heraus, die auszusortieren, die nicht in die vorgegebenen ideologischen Formen passten. Ebenso wurden Menschen, die sich zu einer Religion bekannten, in vielerlei Hinsicht, auch in Sachen Bildung, benachteiligt.

Nach kurzer Zeit begann mir die Ausbildung Spaß zu machen. Es war sehr interessant ein technisches Meisterwerk, wie eine Webmaschine, bedienen zu können. Den Höllenlärm, den sie verursachte, nahm ich in Kauf. Gehörschutz war eher ein Fremdwort. Mitunter nahm der eine oder andere Gehörschutzwatte. Die nutzte aber wenig, der Lärm schädigte das Gehör und noch Stunden nach dem Arbeiten in einem Websaal war Rauschen in meinen Ohren vernehmbar.

Mit rasender Geschwindigkeit schossen die Webschützen durch das geöffnete Webfach. Millimeter um Millimeter entstand Gewebe. Faszinierend war auch die Steuerung der Jacquardwebmaschinen mit gestanzten Lochkarten. Diese Maschine reichte bis fast unter die Decke und konnte die schönsten Muster weben. Eine sehr alte Technologie. Um sie zu beherrschen, mussten wir die verschiedensten Knoten erlernen. Interessant und äußerst schwierig war auch das Weben mit Seidenfäden. Erstaunliche Fingerfertigkeit entwickelte ein Lehrmeister, dessen Hände die feinsten Knoten und filigransten Techniken trotz ihrer überdimensionalen Größe phantastisch beherrschten. Ihm zuzuschauen machte Spaß. Ich wuchs in die Welt der Fasern und Fäden hinein. Je mehr wir erfuhren, desto neugieriger wurde ich, desto mehr wurde ich von Faser und Co. gefangen genommen.

Am Ende des zweiten Jahres meiner dreijährigen Ausbildung begannen die Bewerbungen um einen Studienplatz. Das System war einfach und effizient. In zwei Durchgängen konnte sich jeder Abiturient für ein Studium bewerben. Klappte es beim ersten Anlauf nicht, gab es eine zweite Chance. Es existierte ein Studienführer, der sämtliche Studienrichtungen, den Ort der Universität oder Hochbeziehungsweise Fachschule und die Studiendauer der verschiedenen Studiengänge enthielt. Pünktlich versandte ich meine Studienbewerbung. Gespannt harrte ich der Zu- oder Absage. Im September begann in der Regel das neue Schul- beziehungsweise Studienjahr und es endete im Juni des darauffolgenden Jahres.

Ich weiß nicht, warum ich mich schon mit siebzehn Jahren für den Beruf des Lehrers interessierte, es war so! Eine Fächerkombination lautete Geografie und Geschichte. Sie wurde an der berühmten Humboldt Universität zu Berlin angeboten. Um diesen Studienplatz bewarb ich mich. Nach etwa vier Wochen kam die niederschmetternde Antwort: Abgelehnt! Eine Begründung gab es nicht, Widerspruchsrecht hatte ich ebenfalls nicht, es war so. Ich musste die Entscheidung hinnehmen. Erst viel später erfuhr ich, dass die von mir gewählte Fächerkombination gerade in diesem Jahr nicht mehr angeboten wurde, es war ein Redaktionsfehler im Studienführer. Die Ablehnung hatte nichts mit mir oder meinen Leistungen zu tun.

Es war üblich, dass die Entscheidung zur Zulassung zu einem Studium an die Schule geschickt wurde, an der der Bewerber lernte. Öffentlichkeit war in diesem Falle ebenfalls ein Mittel zur Kontrolle der Bürger. Überbringer dieser Nachricht, die mich anfangs sehr belastete, war mein Klassenlehrer. Er wusste vor mir, was Fakt war. Und noch eine weitere Person war eingeweiht, der Parteisekretär unserer Berufsschule. Ein hagerer, immer in dunklem Braun gekleideter Mensch, von dem Strenge, Unnahbarkeit und Kälte ausgingen. Nicht leicht vorstellbar, aber Herr S. konnte auch freundlich sein. Das dachte ich zumindest, als er mich lächelnd einlud, ihn in seinem Büro zu besuchen. Etwas Wichtiges wollte er mit mir besprechen. Ich hatte keine Ahnung was er vorhatte und was es mit mir zu besprechen gab.

Der Parteisekretär war die Person, die so ziemlich die meisten Kompetenzen per Order beziehungsweise per Parteiauftrag hatte. Er war die Instanz schlechthin, personifiziertes Recht oder vielmehr Unrecht. An ihm ging nichts vorbei, ohne ihn schon gar nichts. Parteisekretäre hatten die Aufgabe, den Staat zu vertreten, seine Meinung bis in die kleinsten Einheiten eines Betriebes zu tragen und für Ruhe und Ordnung zu sorgen. Ruhe und Ordnung im politischen Sinne. Tanzte jemand aus der Reihe, wurde er vor den Parteisekretär zitiert, egal ob er Mitglied der Partei war oder nicht. Natürlich hatten die Parteisekretäre auch die Pflicht, politische Unregelmäßigkeiten an die Staatssicherheit zu melden. Mit ihr gab es ständige Kontakte. Das wusste ein jeder. Der Parteisekretär nahm an allen wichtigen Veranstaltungen und Beratungen teil. Außerdem organisierte er an unserer Schule parteipolitische Veranstaltungen der SED. Andere Parteien hatten dazu kein Recht. Sie waren machtlos und wortlos. Das Büro des Parteisekretärs unserer Schule hatte eine Tür mit Glasfenstern, die von innen mit einem roten Tuch zugehangen waren. War es gar eine Arbeiterfahne? Hinter seinem Schreibtisch prangte noch ein Portraitfoto Walter Ulbrichts. Rahmen und Glas waren vom ständigen Rauchen grau beschlagen. Im Raum herrschte Enge, Dunkelheit und es roch nach Büro, kaltem Rauch und Schweiß. In einem großen Eichenschrank standen diverse Wimpel von Wettbewerben, aus denen unsere

Schule offensichtlich als Sieger hervorgegangen war. Vergleiche dieser Art gab es viele. Zum Beispiel in der vormilitärischen Ausbildung, die unter dem Deckmantel der GST (Gesellschaft für Sport und Technik) ausgeübt wurde und die die Aufgabe hatte, junge Menschen körperlich fit zu halten. Sie in die militärischen Aktivitäten des Staates einzubinden, sie auf den Wehrdienst sowie auf Sportwettkämpfe vorzubereiten und … und … und.

Ein durchgesessener Lederstuhl wurde mir angeboten. Der Parteisekretär hielt keine lange Vorrede, sofort kam er zur Sache. „Peter", sonst sprach er mich mit Sie an, „du hast eine Ablehnung von der Uni erhalten …". So oder so ähnlich begann unser Gespräch oder zutreffender der Überzeugungsakt. Nachdem ich ihm alles, was er sowieso schon wusste, bestätigt hatte, kam er zum Kern der Angelegenheit. „Wir wollen dir helfen …". Nachtigall ick hör dir trapsen. Wir bedeutete in solch einem Zusammenhang immer die Partei, die SED. „Wir wollen dir helfen, einen Studienplatz zu bekommen." Eigentlich hatte ich ja ohnedies noch meine zweite Chance. Weshalb also jetzt diese Aktion? „Dazu müsstest du aber in unsere Partei eintreten …". Die Katze war aus dem Sack. Er brauchte Erfolgsmeldungen in Form neuer Parteimitglieder. Mich wollte er auf diese plumpe Art fangen. Bauernfänger! Ich und Partei? Nein! In mir entstand etwas, was ich so vorher von mir nicht kannte, Widerstand. Der schmale Grat zwischen Überzeugung und Erpressung war das, was mich störte. Ein Gefühl der Unsicherheit überkam mich. Wie sollte ich auf dieses „Kaufangebot" reagieren? Eine Ablehnung stand für mich außer Frage. Jedoch, wie formuliert man etwas ohne gleich zurück zu schießen? Angst mischte sich unter meine Gefühle. Wie auch immer, die Situation erforderte eine Reaktion. Aber welche? Egal wie ich reagierte, es war in jedem Fall gefährlich. Richtig zu reagieren hätte bedeutet, sich auf den Kuhhandel einzulassen und den Aufnahmeantrag auszufüllen. Aber für wen war das richtig? Was für ihn richtig war, musste nicht automatisch auch für mich passend sein. Wie richtig oder falsch sollte ich mich verhalten? Ich reagierte richtig falsch. „Herr S.", antwortete ich, „ich will mir meine Studienzulassung selbst verdienen, durch meine Leistung und nicht durch die Hilfe anderer. Und wenn es beim zweiten Versuch nicht klappt, dann habe ich halt Pech gehabt. Schließlich habe ich ja noch einen Beruf gelernt." So oder ähnlich war meine Antwort. Sonst war ich eher nicht so schlagfertig. Nach einem Gespräch wusste ich immer, was ich noch alles hätte sagen können. Aber dieses Mal! Ich war über mich selbst erstaunt. Ich hatte ihm die Stirn geboten, dem Gewissen der Schule. Dem, der immer Recht hatte. Es war raus, dementieren oder verniedlichen half nicht mehr. Trotz meiner Entblößung kamen Angst und Unsicherheit nicht auf. Jedoch die Reaktion meines Gegenüber kam prompt und wie befürchtet. Er bezeichnete mich als überheblich und arrogant. Mein Alter wurde mir vorgeworfen und was er an weiteren „Lobeshymnen" anstimmte, ist mir im Laufe der Jahre entfallen. Kein gutes Haar ließ er an mir. Sinngemäß warf mir das „Schulgewissen" vor, bisher noch nichts für den Staat geleistet zu haben. Ich sei bislang nur ein Nehmender gewesen. Meine Reaktion war für ihn nicht akzeptabel, denn seine Rechnung war nicht aufgegangen. Schnell machte unser Gespräch und dessen Ausgang die Runde im Haus. Einige Lehrer und Lehrmeister nickten mir freundlich zu, einige warfen mit verächtlichen Blicken nach mir. Auf jeden Fall war diese Situation ein für mein weiteres Leben prägendes Ereignis, es brannte sich in mein Gehirn.

Ich begann, ohne es vorher so geplant zu haben, einen Weg zu beschreiten, auf dem eine Umkehr zwar möglich und sogar hilfreich gewesen wäre, die ich aber mit mir nicht vereinbaren wollte und konnte. Auf einer eindeutigen Position zu stehen, bedeutete auch ein gutes Angriffsziel zu bieten, für die, die meinten, die Richtig-Denkenden zu sein. So intensiv hatte ich mich bis dahin um Politisches nicht gekümmert. Warum auch? Alles war vorbestimmt, alles vorgezeichnet. Mein eigener Bewegungsrahmen war eng. Ich war jung und hatte einen geringen Erfahrungsschatz. Mit der Situation, nicht selbst entscheiden zu müssen, ja zu können, hatte ich mich unbewusst abgefunden. Die meisten Menschen hatten sich eingerichtet, sie konnten nicht täglich mit dem System hadern. Das Leben musste so oder so weiter gehen. Wer sich den Machthabern in den Weg stellte, wurde isoliert, mundtot gemacht, als schädliches und subversives Element der Gesellschaft in die Ecke gestellt. Ausgegrenzt im wahrsten Sinne des Wortes. Unzählige Andersdenkende wurden des Landes verwiesen, wurden als Politmüll entsorgt. Das Perfideste war, dass diese Art der Entsorgung auch noch zu Geld gemacht wurde. Je nach Bedeutung zahlte der sogenannte Klassenfeind für freigekaufte politische Häftlinge mehr oder weniger Bares. Für den Einheitsstaat ein Geschäft im doppelten Sinne. Einerseits glaubten die Machthaber Widerstand durch Dezimierung verringern zu können, andererseits ließ sich das Prinzip „Pecunia non olet" durchaus nutzen, um den chronischen Devisenmangel auszugleichen. Von diesen Vorgängen wussten die meisten nichts. Bis zu dem Zeitpunkt als es sie selbst betraf. Widerstand war allgegenwärtig. Aber nicht offen. Es waren auch die kleinen Dinge des Alltags, die in Gesprächen kritisiert wurden. Das System offen anzugreifen war zu gefährlich. Der Staat und sein Gewaltinstrument in Form der Staatssicherheit waren hinter jedem zu vermuten. So hielt man sein Visier geschlossen. Diplomatie und reiner Selbstschutz! Es änderte sich sowieso nichts. Also Murren im Stillen und gute Miene zu bösem Spiel.

Der Tag beim Parteisekretär war Anstoß für mich, genauer hinzuschauen, genauer zu urteilen, meine Umwelt besser wahrzunehmen. Ein Widerständler war dennoch nicht in mir erweckt worden. Oder sollte ich besser sagen noch nicht?!

Nach zwei Wochen des Wartens überbrachte mir erneut ein Lehrer die Entscheidungsmitteilung der Technischen Universität Dresden. Dort hatte ich mich im Rahmen der zweiten Chance für den Studiengang „Berufsschulpädagogik, Fachrichtung Textiltechnik" beworben. An diesem Tag war Unterricht in der Praxis angesetzt, wir webten Wollstoffe. Zwischen den Webmaschinen sah ich den Lehrer schon von Weitem auf mich zukommen. Welche Nachricht brachte er? Ich war sehr gespannt.

Er übergab mir die Studienzulassung. Ohne Hilfe der Partei hatte ich es geschafft. Ich, ich und nicht die Partei! Danke sagen, egal in welcher Form, erübrigte sich. Der Stress sollte umsonst gewesen sein. Oder doch nicht? Nichts ist im Leben ohne Folgen. Die riesige Freude überdeckte das vorangegangene Geschehen. Es verklärte die Vorgänge. Erfolg lässt die Mühen, die ihm vorangingen, vergessen oder sie bedeutungslos erscheinen. Die Ereignisse im Zimmer des Parteisekretärs waren für mich in diesem Moment bedeutungslos geworden. Sich durchzusetzen gegen Widerstand, keine leichte Übung. Ich erlernte es unter Mühen und Rückschlägen. Froh war ich darüber, keine Abhängigkeit eingegangen zu sein. Vor Freude schnappte ich Gabriele, eine Kollegin, die an der Webmaschine gegenüber arbeitete und im Gang des Websaales legten wir einen Rock'n'Roll hin.

Nach der Lehre begann ich mit dem vierjährigen Studium der Berufsschulpädagogik an der TU Dresden. Alles war fest geplant, das Studium ließ keine großen Freiräume der Gestaltung. Ich erfüllte die Studienziele, bekam ein Leistungsstipendium, arbeitete in meiner Freizeit als Reiseleiter und war auf dem besten Wege eine „sozialistische Lehrerpersönlichkeit" zu werden. So wurden Lehrer bezeichnet, die treu im Dienste der Kommunisten funktionierten.

Dresden wurde zu meiner ersten wahren Liebe. Diese Stadt, mit ihren einmaligen Kunstschätzen und unendlich schönen Bauwerken, zog mich magisch an. Nachts kletterte ich in die Ruine der Semperoper, stand fragend und verzweifelt an den Trümmersteinen der Frauenkirche, war stolz auf den Zwinger und die Gemäldegalerie, die Porzellansammlungen und das Grüne Gewölbe. In der heißen Jahreszeit lag ich am Strand der Elbe.

Als Reiseleiter lernte ich auch Touristen aus dem Westen unseres geteilten Deutschlands kennen. Briefe wurden geschrieben. Jahre später fand ich sämtliche Briefe chronologisch geordnet in meiner Stasiakte wieder und konnte es nicht fassen, wie gläsern wir waren, wie unmündig und unterdrückt. Noch heute kommen mir die Tränen, wenn ich daran denke. In Gesprächen mit den Gästen der Stadt Dresden war ich stolz auf das Erreichte und Wiederaufgebaute. Ich verteidigte unser System nicht blind, aber grundsätzlich. Meine Wahrnehmung des anderen Deutschlands war begrenzt. In Dresden sowieso, da der Empfang westlichen Fernsehens nicht möglich war. Wer den Osten Deutschlands besuchte, erzählte nichts von den täglichen Anstrengungen, von Arbeitslosigkeit und hohen Lebenshaltungskosten. Ich nahm wahr, was ich sehen, fühlen und anfassen konnte. Die Jeans aus dem Westen waren einfach schöner, die Seife roch besser und die Autos hatten Stromlinienformen. Ungerechtigkeiten auf beiden Seiten wurden ausgeblendet, die Positiva kommuniziert.

Das Studium näherte sich dem Ende, endlich war ich Lehrer. Endlich durfte ich unterrichten und allein vor einer Klasse stehen, endlich waren die Dozenten nicht mehr im Hintergrund, die aufpassten, wie der Unterricht lief und die gute Ratschläge erteilten. Zunächst wurde ich vom Staat für mindestens zwei Jahre nach Hohenstein-Ernstthal geschickt. Die Ledigen und Kinderlosen hatten dem Ruf des Staates zu folgen, die Wahlmöglichkeit war sehr begrenzt. In der beschaulichen Stadt von Karl May und des Sachsenrings begann mein Berufsleben. Textilbetriebe, wohin das Auge blickte. In der Berufsschule mangelte es nicht an Beschäftigung. Gestandene Fachleute erleichterten meinen Einstieg. Die familiäre Atmosphäre beeindruckte mich. Mittwochs trafen wir uns zum Stammtisch in einer gemütlichen Kneipe beim Bahnhof.

Geleitet wurde unsere Schule von einer Genossin, die wahrscheinlich mit der SED eine Ehe eingegangen war. Ihre Verbohrtheit und ihr starrer Blick sind mir noch heute gegenwärtig. Sie wollte mich in ihre politische Welt ziehen, das Gegenteil erreichte sie. Bei offiziellen Veranstaltungen der Schule und des Betriebes, zu dem die Schule gehörte, blühte sie auf, wenn sie die Phrasen des Systems wiederholen und die Erfolge der sozialistischen Wirtschaft preisen konnte. Kaum einer glaubte ihr. Sie lebte in einer Scheinwelt, die Wirklichkeit konnte sie unmöglich meinen. Der Heizer unserer Schule, dem sie übel mitspielte, weil er nicht bereit war Dienst an der Waffe zu tun, wurde im Laufe der Zeit zu meinem Seelenverwandten. Da, wo mein Blick noch keine Klarheit hatte, öffnete er mir die Augen, machte er mir Dinge klar, die ich bis dahin so noch nicht sehen konnte. Er führte mir vor Augen, wie das System mit Andersdenkenden umging, mit Menschen umsprang, die sich nicht anpassen wollten, und Religionen ins Abseits der Gesellschaft stellte. Er stellte unzählige Fragen, die Antworten fanden wir gemeinsam. Meine Systemblindheit erlosch zusehends. Ich bemerkte, dass ich eingelullt war und vieles akzeptierte, was meinen Widerspruch schon früher erfordert hätte.

Neue Fenster für alte Häuser

Wohnraum war in der DDR sehr knapp. Lange Wartezeiten waren durchzustehen, um eine der begehrten Neubauwohnungen zu bekommen. Gehörte das Neubauvorhaben einer Wohnungsbaugenossenschaft, mussten in der Freizeit Aufbaustunden abgeleistet werden, um die Berechtigung zu erhalten, eine Wohnung beziehen zu dürfen. Aber auch dann war nicht garantiert, wo sich die Wohnung befand. Oft wurden die Wohnungen verlost. Das heißt, dass alle Berechtigten zusammenkamen und aus einem Lostopf eine Wohnung ziehen konnten. Dabei war es reine Glückssache, ob man dann in der ersten oder in der vierten Etage wohnen durfte. Persönliche Wünsche wurden nicht erfüllt und auch nicht geäußert, das Procedere war allen Beteiligten hinlänglich bekannt. Eine Wohnung zu erhalten war ein großes Glück. War man unverheiratet, landete man auf sämtlichen Wartelisten am Ende. Vorteile brachte der Nachweis über die Ableistung eines verlängerten Wehrdienstes oder die Verpflichtung, sich an dem Großprojekt der Errichtung einer Erdöltrasse in der Sowjetunion beteiligt zu haben. Die Mitgliedschaft in der SED sowie in diversen Partei- und Machtgremien des Staates waren auch nicht von Nachteil. Kinderreiche Familien erhielten ebenso vorrangig Wohnraum. Allerdings war auch in den staatlichen Wohnungsbaugesellschaften mit Geld oder anderen Tauschobjekten, die man als Gegenleistung für eine neue Wohnung bieten konnte, viel zu machen. Gelegentlich wurde die Schieberei aufgedeckt und ein paar Leute kamen auch schon mal dafür ins Gefängnis. Das Schieben ging trotzdem weiter. Wer nichts zu bieten hatte, musste warten. Sehr lange, oft sechs bis acht Jahre.
Nach meinem Studium stand ich ebenfalls vor dem Problem, wo ich wohnen sollte. Der Betrieb, an dessen Berufsschule ich unterrichten wollte, war, im Rahmen seiner

Möglichkeiten, bei der Beschaffung von Wohnraum behilflich. Mir schlug die Schuldirektorin vor, doch in Freiberg ein Zimmer zu nehmen. Wissen muss man allerdings, dass Freiberg von Hohenstein-Ernstthal, meinem ersten Arbeitsort, etwa eine Stunde Bahnfahrt entfernt lag. Auf meine Frage, wann ich denn die für den Unterricht notwendigen Vorbereitungen machen solle, antwortete die Genossin Schulleiterin, dass das ja im Zug erledigt werden könne. So richtig wollte mir das nicht einleuchten und ich ließ nicht locker. Dieses Angebot lehnte ich ab. Nach langem Hin und Her wurde mir dann eine Zweizimmerwohnung in Karl-Marx-Stadt angeboten. Dadurch verkürzte sich die Anreise mit dem Zug um mehr als die Hälfte.

Ohne Bad oder Dusche, dafür mit einer schönen Bodenkammer, war diese Wohnung ein Lichtblick. Hier konnte ich wohnen. Die einst so filigran gestaltete Fassade des Bürgerhauses aus den Anfängen des 20. Jahrhunderts war grau, die Klinker stark verschmutzt. Sie wirkte trostlos und müde. Hohe Fenster mit schön geformten Simsen ließen erahnen, dass sich die Architekten viel Mühe gegeben hatten. An Türen und Fenstern fehlte Farbe. Meine Wohnung war im dritten Stock zwischen zwei benachbarten Wohnungen wie in die Klemme genommen. Das Klo war eine Treppe tiefer. Ich musste es mit einer Familie teilen, die leider nicht meine Ansicht von Reinlichkeit teilte. Die Wohnung hatte keinen Vorsaal, wenn die Eingangstür passiert war, stand man direkt im Zimmer.

Nach zwei Jahren war ich nicht mehr allein. Ingrid zog zu mir. Meine Freundin Ingrid hatte ich in einem Kinderferienlager an der Ostsee kennengelernt. Sie war auch Gruppenleiterin und ihre langen blonden Haare, ihr sanftes Wesen und ihr Lachen faszinierten mich. Kurz nach unserem Kennenlernen entschieden wir uns zusammen zu ziehen.

Nach einigen Monaten beschlossen wir am Zustand der Wohnung einiges zu ändern. Ich baute uns eine Duschkabine ein. Ein Herd und ein Dauerbrandofen sowie ein kleiner Kühlschrank verbesserten unsere Wohnsituation. Jedoch die Fenster waren, wie erwähnt, in einem erbarmungswürdigen Zustand. Ich hatte immer Angst, wenn die Fenster gereinigt werden mussten, dass wir mitsamt dem Rahmen auf dem granitbelegten Bürgersteig landen würden. Den Fall über drei Etagen hätten wir wohl kaum überlebt. Um dieser unsanften Landung vorzubeugen, stattete ich der Wohnungsverwaltung einen Besuch ab.

Kurz vorher war das Staatsoberhaupt Erich Honecker in Karl-Marx-Stadt zu Besuch. Es war sein Wahlkreis. An der großen Einfallstraße der Stadt, der Leipziger Straße, standen stadteinwärts gesehen auf der linken Seite noch einige Häuser, die schon stark verfallen waren und dem Abriss preisgegeben werden sollten. Sie passten nicht mehr in das Stadtbild einer aufstrebenden sozialistischen Großstadt mit klobigen und gesichtslosen Großplattenbauten. Dennoch sollten sie so kurz vor ihrem Baggertod eine Renaissance erleben. Eigens für die Durchfahrt des Politbosses wurden diese Häuser mit neuen Fenstern ausgestattet und als ob das nicht schon genug der Verschwendung gewesen wäre, nein, auch noch Gardinen hängte man auf. Unbewohnte Häuser passten nicht in das Bild dieser Stadt und konnten den Staatsoberen nicht zugemutet werden. Potemkin lässt grüßen. Dieser Umstand ermutigte mich, auch für unsere Wohnung, die ja schließlich noch bewohnt war, nach neuen Fenstern Ausschau zu halten. Optimistisch ging ich also in die besagte Verwaltung.

Eine düstere Landschaft aus dunklen, alten Schreibtischen mit missmutig dreinschauenden Frauen empfing mich. Schnell hatte ich mein Anliegen vorgebracht. Wir zahlten schließlich Miete, wenn auch wenig, aber immerhin. Die Dame hinter dem Pult schrieb sich meinen Namen und die

Anschrift auf. Außerdem erklärte sie mir, dass in Kürze jemand von der Verwaltung vorbeikommen würde, um mich endgültig zu registrieren. Ich war sehr überrascht, denn alles klang vielversprechend. Sollten wir doch in den Genuss neuer und damit haltbarer und ordentlich abdichtender Fenster kommen? Ich war zuversichtlich und doch, eine innere Stimme sagte mir, frag doch mal nach, wann die neuen Fenster denn eingebaut werden würden. Also stellte ich die Frage. Jeglicher Optimismus erstarrte augenblicklich zu Eis, als mir eine Wartezeit von etwa zehn Jahren, ja, ich hatte richtig gehört, von zehn Jahren offeriert wurde. Ach so! Zehn Jahre! Länger doch nicht!

Schwer zu verstehen, es ging um unsere Gesundheit, wir lebten schließlich in dem Haus. Unser Gebäude war definitiv kein Abrisshaus. Keine Wohnung stand leer. Eines hatte ich allerdings nicht bedacht, unser Haus stand nicht am Wegesrand unseres großen Parteivorsitzenden.

Leider.

Ein neuer Farbfernseher

Die Stadt Reichenbach ist eine mittelgroße Kreisstadt im Vogtland. An einem bergigen Gelände kriecht die Stadt dem Wahrzeichen, einem imposanten Wasserturm, entgegen. Von 1963 bis 1970 lebten wir in Reichenbach. Im nahegelegenen Cunsdorf ging ich in die Schule. Die Polytechnische Oberschule (POS), eine Schulart, die in der DDR einheitlich von der 1. bis zur 10. Klasse geführt wurde, leitete eine Direktorin, die als straffe Genossin bekannt war. Sie war klein und wir Schüler machten gern hinter ihrem Rücken Grimassen und äfften sie nach.

Das Neuberinhaus, ein Theater mit einer eher unauffälligen, weil nutzungsorientierten Architektur, war der Kulturmittelpunkt der Stadt Reichenbach. Im Neuberinhaus sollte eines Tages eine Propagandaveranstaltung abgehalten werden. Wir Kinder freuten uns auf eine Abwechslung im grauen Schulalltag, auf einen Ortswechsel, einen Tapetenwechsel. Wir waren gespannt. An den Anlass der Veranstaltung kann ich mich heute nicht mehr genau erinnern. Es könnte der 20. Jahrestag der Republikgründung gewesen sein.

Mit großem Pathos sprach ein Parteifunktionär über die Erfolge des Sozialismus. Konkret wurden seine Plattitüden, als es um die Entwicklung eines neuartigen Fernsehsystems ging. Die Sowjetunion und Frankreich hatten gemeinsam ein System entwickelt, dass es ermöglichen sollte, bunte Bilder auf die schon allseits beliebten Flimmerscheiben zu zaubern. Das war doch was. Sehr interessiert hörten wir zu. So richtig vorstellen konnten wir es uns noch nicht. Bereits damals irritierte mich die Aussage des Sprechers. Er sagte sinngemäß: Auch wenn er das neue System selbst noch nicht kenne, er wüsste, es würde das bessere sein. Besser? Besser als was? Natürlich, wie konnten wir zweifeln, besser als das System, was der Klassenfeind im Westen entwickelt hatte. So saßen wir da und nahmen es denn so hin. Natürlich konnte keiner der Zuhörer etwas dazu sagen. Wir kannten beide Systeme nicht. Wie also hätten wir vergleichen, wie urteilen können? Aber dafür gab es in der DDR Parteifunktionäre. Sie dachten für uns! Getreu dem Motto: „Die Partei, die Partei, die hat immer Recht". [Aus dem Lied „Die Partei" – in der DDR SED-Lobeshymne, Anm. d. A.] Uns wurde die Überlegenheit des eigenen Wirtschaftssystems suggeriert. Wir waren theoretisch eindeutig besser. Bis uns die Realität auf den Boden der Tatsachen zurückholte.

Wir sollten also das bessere Farbfernsehsystem bekommen. Erst viele Jahre später bekam ich die Gelegenheit, einen neuen Farbfernseher zu erstehen.

Eines Tages erreichte mich die Nachricht, dass an einem Mittwoch in Karl-Marx-Stadt eine Fernsehapparatelieferung aus dem volkseigenen Fernsehgerätewerk Stassfurt zu erwarten sei. Unser alter Fernseher, ein sogenannter Raduga aus sowjetischer Produktion, hatte ausgedient. Seine erheblichen Ausmaße sprengten jede Nische. Seine Fähigkeit, durch das Aufheizen der zahlreichen Röhren auch dem Wohnraum ein gemütliches Ambiente zu verleihen, war ein durchaus willkommener Nebeneffekt. Jedoch die Neigung, durch Überhitzung ab und an einen Wohnungsbrand auszulösen, ließ unsere Affinität zu einem Gerät der neuen Generation steigen. Beim Raduga-Fernseher war es obendrein ein Glücksfall, wenn die Farben annähernd die Realität trafen, von den Randbereichen ganz zu schweigen. Sie bildeten einen undefinierbaren schattigen, wenn auch farbigen, Rand.

Also es stand fest, wir nahmen den Kampf um einen neuen Fernseher auf. Das Geld hatten wir beisammen. Es dauerte schon eine Weile bis 4.900 Mark zusammengekratzt waren. Der Preis eines Fernsehers war im Vergleich zur monatlichen Miete immens. Für unsere Zweizimmerwohnung mit Bad, Müllabfuhr und Heizung bezahlten wir gerade einmal 69 Mark. Dass diese Einnahmen in keinster Weise ausreichten, die Häuser technisch und optisch in Schwung zu halten, muss nicht gesondert erwähnt werden. Auch bei Besuchern aus dem Westen ist der Zustand der meisten Häuser in Erinnerung geblieben. Uns fiel das Einheitsgrau nicht mehr auf. Man hatte sich daran gewöhnt. Damals empfanden wir die Äußerungen der Westbesucher, im Osten sähe alles so grau und trist aus, überzogen und arrogant. Heute sehen wir das anders. Es stimmte!

Doch zurück zum Fernsehkauf.

Ort des Geschehens war ein kubistischer Bau, der am Ende der Karl-Marx-Allee dem Verkauf der Rundfunk- und Fernsehtechnik diente. Zeitig genug stellte ich mich vor den Laden. Zeitig genug hieß etwa drei Stunden vor der Ladenöffnungszeit. Alsbald befand ich mich in einer netten größeren Gesellschaft. Alle hatten ein Ziel. Es hatte sich herumgesprochen, dass es Fernsehgeräte geben sollte. Pünktlich öffnete sich die Ladentür. Ein Ruck drückte mich ins Ladeninnere, in den Bereich, der Glück verheißen sollte. Dieses hatte ich dann auch, indem ich einen 49 cm Fernseher ohne Fernbedienung, dafür schon mit sechs Senderspeichertasten, zum bereits erwähnten Preis erstehen konnte. Endlich ein Fernsehgerät, bei dem das Wort Farbfernseher nicht übertrieben schien. Zwar mussten wir für das Teil fast ein halbes Jahr arbeiten, jedoch überwog die Freude über den raren Artikel. Wer in der Warteschlange etwa fünf Mann hinter mir stand, sollte seine Chance, einen neuen Guckkasten zu erstehen, bereits vier Wochen später erhalten.

Die Tausch- und Organisationsgesellschaft war intakt. So stellten sich auch Leute an, die schon längst einen Fernseher gleicher Bauart besaßen. Warum? Ganz einfach, der Mangelartikel ließ sich entweder mit Gewinn weiterverkaufen oder er war als Tauschobjekt gegen einen anderen Mangelartikel zu gebrauchen. Für Wandfliesen konnte man beispielsweise gut und gerne acht bis zwölf Jahre Wartezeit einplanen. Farbe und Aussehen konnten nicht ausgesucht werden. Entweder die grünen, 10 Quadratmeter Fliesen, die so gar nicht ins blau gehaltene Bad passen wollten, wurden genommen oder nicht. Bei anderen Sanitärartikeln, wie einer Badewanne, einem Duschbecken oder einer Kloschüssel, sah es nicht anders aus. Anstrengungen, Geduld oder aber ein Tauschartikel halfen da Wunder, schneller ans Ziel zu kommen.

Kurzerhand, wir waren glücklich über einen Fernseher, der nur noch angeschlossen werden brauchte, bei dem der Fernsehmechaniker nicht mehr eigens dafür ins Haus kommen musste, um das Gerät zu justieren. Welch ein Segen moderner Technik.

Was gibt es denn

In der DDR gab es enorme Unterschiede in der Besteuerung. Als Arbeiter und Angestellte wurde uns nur ein sehr geringer Teil vom Lohn in Form der Lohnsteuer abgezogen. So war der Bruttoverdienst nicht wesentlich höher als der Nettoverdienst. Der Beitrag, den die arbeitende Bevölkerung zum Gesamtsteueraufkommen des Staates erbrachte, lag etwa nur bei geschätzten 6 Prozent. Den Rest der Steuern musste die Wirtschaft aufbringen. Auch die Beiträge zur Krankenversicherung waren gering. Außerdem waren diese nahezu einheitlich. Die Geldmenge wurde über Konsumentenpreise abgeschöpft, da die Löhne im Vergleich zum erwirtschafteten Gewinn und der daraus resultierenden Wertschöpfung im Allgemeinen zu hoch waren. Besserverdienende und Geringverdienende wurden gleichermaßen an den Geldabschöpfungen beteiligt. Dies stellte für die unteren Einkommensschichten ganz klar eine Benachteiligung dar und hatte somit auch nichts mit den Staatsprinzipien der Gleichheit zu tun. In der Wirtschaftspolitik wurde im Laufe der Zeit die steuerliche Strategie geändert. Auf keinen Fall sollte das produzierende Gewerbe von Privatunternehmern stark werden. Volkseigentum war die wichtigste und staatlich vorgegebene Eigentumsform. Fast 95 Prozent der Wirtschaft gehörten somit theoretisch gesehen der Allgemeinheit. Die restlichen Unternehmer hatten es anfangs sehr schwer. Der Staat wollte verhindern, dass sie sich zu stark entwickelten und besteuerte die Gewinne dieser Unternehmungen mit bis zu 90 Prozent. Eine Unternehmerin aus Chemnitz, die Kurbelwellengehäuse bearbeitete, berichtete mir davon, dass sie, nur um zu überleben, einen Teil der Produktion nicht „über die Bücher laufen" lassen konnte. Bei einer derart hohen Besteuerung konnten keine Rücklagen für notwendige Reparaturen oder gar Neuanschaffungen gebildet werden.

Ende der siebziger Jahre lenkte der Staat ein und besteuerte Kleinstunternehmen mit bis zu zwei Mitarbeitern nur noch pauschal. So erfuhr ich von einem Optikermeister, dass er monatlich lediglich etwa 200 Mark Pauschalsteuer an den Staat abführen musste. Da blieb viel übrig und endlich begann sich das Sprichwort „Handwerk hat goldenen Boden" in Form von klingender Münze zu bewahrheiten. Natürlich war diese offizielle Maßnahme nicht ohne Grund verfügt worden. Der Staat realisierte, dass die Planwirtschaft an außerordentlich viele Grenzen stieß und dass der individuelle Bedarf der Menschen an Dienstleistungen und Gütern von kleinen und mittleren Firmen nach wie vor am besten befriedigt werden konnte. Der Mittelstand konnte demnach nicht völlig verstaatlicht werden und so lockerte man die Leine. Trotzdem reichte das Angebot nicht aus, um den Bedarf zu decken, um Wartezeiten zu vermeiden und um die Schieberei zu beseitigen.

Die Warenstreuung in der DDR war ein Kapitel der besonderen Art. Es gab vieles, aber nicht genug und vor allem nicht dort, wo es gerade gebraucht wurde. Soll heißen, dass unterschiedliche organisatorische Fähigkeiten sehr nützlich sein konnten, um an die knappen Dinge des täglichen Lebens zu gelangen. Die Planwirtschaft war die Wurzel des Übels. Wenn der Bedarf eines Volkes am grünen oder besser gesagt am grauen Tisch festgelegt werden soll, wenn nicht Angebot und Nachfrage den Preis regeln, dann kam das heraus, worunter wir zu leiden hatten. Wartezeiten auf viele Sachen, die heute alltäglich erscheinen, Kampf um Kleinigkeiten, Schwarz- und Tauschhandel und endlose Warteschlangen an den Obst- und Gemüseständen, den Läden, die Bücher und Schallplatten verkauften, den Handelseinrichtungen, die das Bauhandwerk belieferten und … und … und. Gut war es, jemanden zu kennen, der jemanden kannte, der Beziehungen hatte. Besonders vorteilhaft waren direkte Kontakte zu Mitarbeitern des Handels.

War man sich ihrer Hilfe sicher, konnte das im Gegenzug wieder einen anderen Vorteil hervorbringen. Besonders beliebt waren Handwerker, Fleischer, Automechaniker und Installateure. Da der Mangel auf allen Ebenen unseres Lebens Einzug gehalten hatte, war fast jeder Kontakt vorteilhaft. Lehrer waren da eher die Ausnahme. Was hatten die schon zu bieten, was auf dem Schwarzmarkt heiß begehrt war? Nichts! Es sei denn, sie verfügten über handwerkliche Fähigkeiten und konnten damit anderen helfen. Mir kam mein Studium da zu Hilfe.

Die Ausbildung zum Textilingenieur beinhaltete auch das Fachgebiet Konfektion und Maßschneiderei. Für das Nähen hatte ich mich darüber hinaus gezwungenermaßen interessiert, weil Hosen in meiner Größe, die auch noch eine richtige Passform hatten, in den Geschäften eher einen Glücksfall darstellten. Eine Kommilitonin half mir bei den ersten Versuchen, mir selbst eine Hose zu nähen. Bei Verwandten übte ich auf alten Nähmaschinen. Schnitte gab es keine vernünftigen, also schnitt ich kurzerhand eine einigermaßen passende alte Hose auseinander und verwendete sie als Schnittmuster. So erlernte ich die Kunst des Nähens und konnte damit vielen meiner Bekannten gute Dienste erweisen. Allerdings konnte man manchmal auch im staatlichen Handel an die vermeintlich wichtigen Dinge des Lebens kommen.

Wer schläft nicht gern des Nachts in einem kuscheligen Bett? Bettwäsche zu erstehen war ein Problem der besonderen Art und doch eigentlich normal. Mal soeben in einen Laden gehen und sich auch noch die passende Farbe aussuchen – Fehlanzeige! In der Textilindustrie waren Tausende Mitarbeiter beschäftigt. Die Webmaschinen liefen auf Hochtouren, es wurde gestrickt, gewirkt, nähgewirkt. Die Textilveredeler hatten alle Hände voll zu tun, die Industrienäher konnten die Aufträge kaum schaffen. Jedoch, wo waren all die Textilien? Zwei Großabnehmer ließen unsere

Maschinen heiß laufen. Sie kauften fast die gesamte Groß-
produktion auf.

Einer kam aus dem Osten, sprach Russisch und lieferte im
Gegenzug das auch von der DDR begehrte Erdöl zu einem
Mehrfachen des damals üblichen Weltmarktpreises. Bei
„Brüdern" schaut man halt nicht so auf das Geld, da zählt
mehr die „Verwandtschaft". Die DDR zahlte fast das Drei-
fache und dies meist in Form von Waren und Maschinen.

Der andere Großabnehmer kam aus dem Westen, sprach
Deutsch und zahlte mit der begehrten D-Mark. Allerdings
zu Preisen, die in keinster Weise kostendeckend waren.
Zum Beispiel wurde ein Bettbezug für 1 D-Mark verkauft,
verschenkt wäre treffender. Preise wie in Hongkong, aber
kurze Wege und ein Handelspartner, der bereit war Sack
und Zipfel zu verhökern, um mit allen Mitteln, koste es,
was es wolle, an die begehrte Westmark zu kommen. Beides war wirtschaftlich gesehen ein Desaster. Die DDR war
von beiden Seiten in starkem Maße abhängig und musste
das Spiel mitspielen. Durch defizitären Handel sowie
durch die eingeführte Binnenwährung und die damit ver-
bundene Abschottung zu internationalen Finanzmärkten,
entstanden größte wirtschaftliche Probleme. Der Zusam-
menbruch der Wirtschaft im Osten von Deutschland war
nur eine Frage der Zeit. Das Defizit musste kompensiert
werden. Teile der hergestellten Waren wurden zu horren-
den Preisen hier bei uns verkauft, um annähernd auf die
Herstellungskosten zu kommen. Zu normalen Preisen
wurde auch ein Teil der produzierten Waren verkauft.

In meiner Freizeit nähte ich alles, was man von mir verlangte. Für einen Kollegen nähte ich in einer Nacht ein
Segel für sein selbst gebautes Surfbrett. Den Spezialstoff
dafür hatte er in der benachbarten Tschechoslowakei be-
sorgt, nun musste nur noch jemand daraus ein Segel bas-
teln. In der Turnhalle unserer Schule bereiteten wir das
Werk gemeinsam vor. Der Zuschnitt war dort einfacher als

im Wohnzimmer einer kleinen Zweizimmerwohnung. Trotzdem musste ich das halbe Wohnzimmer ausräumen, um das monströse Segel zusammen zu nähen. Meiner Familie nähte ich alles, was man brauchen konnte. Gardinen, Sitzbezüge für das Auto und den Kinderwagen, Turnierkleider für meine Frau, Overalls für die Herren der tanzenden Kunst, Hemden, Blusen, Hosen und die als Geschenk bei diversen Besuchen allseits sehr beliebten Einkaufsbeutel aus Möbelplüsch. Für diese Aktivitäten brauchte ich Stoffe. Dabei war es sehr von Vorteil, dass ich Kontakte zu einer Altstoffhändlerin in Falkenstein im Vogtland hatte. Dort konnte ich Stoffe abfassen, aus denen sich viel machen ließ. Vernünftige Stoffe waren in den Geschäften genauso rar wie alle anderen Dinge, die man brauchte. Gut war auch die Nähe zur Stadt Chomutov in der benachbarten ČSSR. Zwar war es verboten, Stoffe über die Grenze zu bringen, doch leere Kissenhüllen wurden kurzerhand zu prallen Kissen bevor man den Heimweg antrat. Außerdem waren Stoffe dort wesentlich billiger und schöner.

Bettlaken verwendete ich als Futterstoff und ich hoffte im städtischen Kaufhaus auf die Chance, welche zu ergattern. Es war Mittwochnachmittag, ein regnerischer Tag im Mai. Mein Dienst endete gegen 14 Uhr. Genügend Zeit, um in die Stadt zu gehen. Eine unsichtbare Kraft trieb mich in eines der beiden Centrum-Warenhäuser, die nahezu die einzigen Einkaufstempel in unserer 320.000 Einwohner zählenden Stadt darstellten. Ehemals Kaufhäuser der jüdischen Kaufleute Schocken und Tietz gehörten nun dem Volk und dem volkseigenen Handelsunternehmen HO. Die Häuser waren mehr oder weniger bis unters Dach gefüllt, unter anderem mit Kleidung, die darauf wartete, doch noch einen mitleidigen Käufer zu finden, mit Schrankwänden, die, wenn sie eine ansprechende Qualität hatten, auch bis zu 10.000 Mark kosten konnten und mit den tausend anderen Dingen des täglichen Bedarfs. Im „Tietz" war die Abteilung in der es mit viel Glück und Geduld noch Bettwäsche, Handtücher und ähnliche Sachen zum normalen Preis gab.

Ich erklomm die zweite Etage und schon von Weitem sah ich eine lange Warteschlange. Es mögen vielleicht zwanzig Frauen gewesen sein. „Schlange" war das Synonym für sozialistische Wartegemeinschaft, die der Hoffnung war, etwas zu bekommen, was es, wie eingangs erwähnt, nicht in ausreichender Menge gab. So führte mich der innere Antrieb zu dieser Schlange. Angekommen fragte ich die am Ende stehende korpulente ältere Dame mit einem DEDERON-Beutel in der Hand, was es denn heute gäbe. „Weiß ich nicht.", war die Antwort, die ich zwar erwartet hatte, die aber gleichzeitig meinen Jagdinstinkt anheizte. Na gut, kein Problem. Ich stellte mich an.

Das Wort „Anstellen" war in aller Munde. Es verkörperte den allgegenwärtigen Mangel und war so im Sprachgebrauch verankert, dass es fast schon ein Stück Vertrautheit vermittelte. Angestellt wurde sich überall und zu jeder Zeit. Einkaufen war oft damit verbunden.

Nach kurzer Wartezeit öffnete sich eine große Flügeltür und ein Palettenwagen wurde hereingeschoben. Neugierig drehten sich alle Köpfe, wie von einem unsichtbaren Befehl geführt, nach dem vermeintlichen Glücksfall. Ein freudiges Tuscheln durchzuckte die Reihe. Es gab Frottierhandtücher. Unser Schrank war voller Handtücher. Wir brauchten keine! Im Gegenteil, unseren Vorrat hätten noch gut und gerne unsere Kinder und Enkel zur Hautentwässerung nutzen können. Dennoch, ich blieb freudig erregt stehen. Warum wohl? Brauchte ich die Tücher nicht für mich selbst, so ließen sie sich sehr gut gegen andere sogenannte Raritäten eintauschen. Den Neandertalern sei Dank, das Prinzip des Tauschhandels funktionierte auch im Kleinen hervorragend.

Meine Eltern wohnten zu dieser Zeit in Weißwasser. Eine mittlere Kreisstadt in der Oberlausitz gelegen. Bekannt war die Stadt durch die Eishockeymannschaft und durch die Glasindustrie. Schönstes Bleikristall war in aller Munde, im wahrsten Sinne des Wortes. Glasbläser und Glasschleifer ruinierten ihre Gesundheit für wahre Meisterwerke der Glasmacherkunst. Die meisten Gläser wurden exportiert. Meine Mutter war eine umtriebige Frau. Ihr Bekannten- und Freundeskreis war riesig und natürlich hatte sie Beziehungen, um an die begehrten durchsichtigen Kunstwerke zu kommen. Auch in Weißwasser gab es in der Regel nicht genügend Handtücher zu kaufen. Handtücher ließen sich jedoch bestens gegen Gläser tauschen. So füllten Gläser unsere Schränke genauso reichlich wie Handtücher! Kein Problem, wir besaßen ja einen Trabant, der hin und wieder in die Werkstatt musste. Werkstatttermine waren noch schwieriger zu bekommen als Handtücher respektive Kristallgläser. Da konnten unter anderem Handtücher und Kristallgläser sehr hilfreich sein, um schneller an einen der begehrten Termine zu gelangen.

Ich blieb in der Schlange stehen, in der Hoffnung, der Stapel würde bis zu mir reichen. Sechs Stück wurden pro Kunde zugeteilt. Rationierung, ein Mittel zur Verteilung des allgemeinen Mangels auf breite Schultern. Zufriedenheit stellte sich nur gelegentlich ein.

Alljährliche Kraftakte zur atheistischen Weihnacht

Die Magie des Weihnachtsfestes erfasst jährlich die Menschen, ob sie es wollen oder nicht.

Auch im Staat der Arbeiter und Bauern war das so. Obgleich die Staatsoberen alles daran setzten, dem Fest ein eigenes, unverfängliches und gar nicht christlich anmutendes Gepräge zu verleihen. Uralte Liedtexte wurden kurzerhand geändert, so wurde aus der „heiligen" Nacht die „fröhliche", aus dem Weihnachtsengel die geflügelte Jahresendfigur und die Pyramide wurde zum Flügelrad getauft. Nicht zuletzt wurden aus den zahlreich in den Betrieben stattfindenden Weihnachtsfeiern die Jahresabschlussveranstaltungen. Christliche Wurzeln sollten im atheistisch angelegten Staat wenig Raum finden. Trotz dieser skurrilen Bemühungen, Weihnachten konnten die Kommunisten nicht ausradieren, so gern sie es denn getan hätten!

Zwischen den Verwandten in Ost und West war gerade diese Zeit eine sehr wichtige Phase des Kontaktes. Hüben wie drüben packte man Geschenke ein und verschickte sie. Sehr leicht war es, den Beschenkten im Osten mit einfachsten Dingen, wie einem gut riechenden Stück Seife der Marke LUX, einer Packung Kaffee oder einer Tafel Schokolade eine Freude zu machen.

Den Menschen hierzulande hingegen fiel es eher schwer, denen, die ja alles im Überfluss besaßen, auch eine Freude zu machen. Gern wurde erzgebirgische Volkskunst verschickt — schwer zu bekommen, relativ teuer, aber allseits beliebte kleine Kunstwerke aus Holz in gedrechselter oder geschnitzter Ausführung, naturfarben oder bunt bemalt. Beliebt waren auch Handarbeiten und Bücher.

Einfach war die Prozedur des Verschickens nicht. Die Pakete mussten, damit sie pünktlich am Heiligabend bei den lieben Verwandten waren, schon drei Wochen vorher auf die Reise geschickt werden. Die Postämter waren überfordert. Lange Warteschlangen signalisierten von Weitem, der Ost-West-Kontakt in Form handfester Dinge war angelaufen. Außerdem hatte der Zoll der DDR mit den Kontrollen der Pakete so viel zu tun, dass es halt länger dauerte. Auch die Staatssicherheit war an der Kontrolle beteiligt. Verhindert werden musste, dass nicht etwa Artikel in den Westen gelangten, die auf der Sperrliste standen. Dazu gehörten unter anderem alle Waren, die die DDR selbst importieren musste. Im Gegenzug wurden auch die meisten Pakete, die aus dem Westen den Weg in den Arbeiter- und Bauernstaat fanden, in gleicher Weise behandelt. Dass auch die Kontrolleure nur Menschen waren, zeigt die Begebenheit, dass Bekannte von uns ein Paket ihrer Verwandten aus dem Westen mit einem merkwürdig aussehenden Mantel erhielten, der eher wie ein Mantel aus der DDR-Massenproduktion aussah und so gar nicht die Merkmale eines Geschenkes aus dem Westen aufwies. Bei näherer Betrachtung des „Guten Stücks" fanden sie in einer Innentasche den Dienstausweis einer Zollbeamtin. Wie der da wohl reingekommen war und warum der Mantel so aussah wie er aussah?

Sei es, wie es sei, die Weihnachtspakete wurden heiß ersehnt und der Spruch „Aufreißen wie ein Westpäckchen" machte die Runde. Er symbolisierte die Freude, die man empfand, wenn man die kleinen Raritäten oder besser gesagt Normalitäten endlich in den Händen halten durfte.

Alljährlich füllten sich gerade am Heiligabend die Kirchen. Tausende, auch Nichtchristen, wollten teilhaben an diesem Fest. Für einige Augenblicke eintauchen in eine andere Welt. Die Worte des Pfarrers hören, die so gar nichts mit dem System zu tun hatten, die ungezwungen klangen, weil sie es waren, und die ein wenig Balsam für die Seelen darstellten. Diese Rituale gaben Halt und ein bisschen innere Freiheit. Auch äußere Symbole dieser Zeit wurden bewahrt. Der Weihnachtsbaum, der Weihnachtsbraten und der besonders hierzulande sehr beliebte Weihnachtsstollen waren Teil des inneren Refugiums.

War es schon schwierig, eine Gans, Ente oder Pute zu erstehen, so war das nichts im Vergleich zu den Kraftakten, die man aufbringen musste, um einen Weihnachtsstollen zu besorgen oder wie man hierzulande gern sagt, ranzuschaffen. Es gab drei Möglichkeiten.

Die erste — einfachste! Den Stollen im eigenen Herd backen.

Die zweite, den Stollen beim Bäcker kaufen.

Die dritte, den Stollen mit eigenen Zutaten beim Bäcker, sozusagen in Lohnarbeit, backen zu lassen.

Klingt einfach! Weit gefehlt! Das Problem?

Größte Hürde stellten die nicht in ausreichender Menge zur Verfügung stehenden Zutaten dar. Keine Angst, ich werde keine Rezeptur anbieten. Aber im Allgemeinen gehören in einen echten sächsischen Stollen unter anderem Zitronat, Orangeat, Mandeln und, wer das mag, auch Rosinen. All das musste importiert werden und es gab nicht genug davon. Wurde man im DDR-Handel doch einmal fündig, so hamsterte ein jeder. Also blieb wieder nicht genug übrig! Zum Glück gab es da noch die Verwandten aus dem Westen. Doch Pakete, die die Grenze überqueren sollten, brauchten dazu in der Regel, wie erwähnt, eine lange Zeit. Waren die Jagdtrophäen dann einmal errungen, konnte man loslegen.

Selbst backen war nun die leichteste der Übungen. Wollte man beim Bäcker einen Stollen kaufen, so denkt man, wäre das ja noch einfacher gewesen. Mitnichten! Denn erstens konnten die Bäcker den riesigen Bedarf nicht decken, weil es auch ihnen an den Zutaten mangelte. Zweitens musste man sich stundenlang anstellen, um eine der begehrten Köstlichkeiten zu ergattern. Im Übrigen waren die Bäcker und Konditoren nicht zu beneiden. Der Verkauf von Stollen war ein wichtiger Geschäftsbestandteil und sie hätten lieber Tausend als Hundert solcher weißer mit Puderzucker und Butter überzogenen Laiber verkauft. Die Bäcker ihrerseits waren jedoch Geschäftsleute genug, um aus der Not eine Tugend zu machen. Der Mangel an Rohstoffen konnte zum Teil durch Experimente ausgeglichen werden. Und siehe da, aus einheimischen Möhren ließ sich Orangeat nachbauen und aus grünen Tomaten wurde ein Zitronat-Ersatz hergestellt. Die Farbe zumindest hatte man gut hinbekommen. Jedoch der Geschmack verfehlte das Original um Längen. Not macht erfinderisch! Man half sich, so gut man konnte. In allen Lebensbereichen gab es ähnliche Aktionen.

Die dritte Variante der Stollenherstellung war auch nicht ohne Hürden zu meistern. Hatte man also keine Lust, den Stollen beim Bäcker zu kaufen, so wählte man den dritten Königsweg: Alle Zugaben, außer Mehl und Hefe, beim Bäcker abgeben und dort backen lassen. Klingt simpel, war es aber nicht! Mit den Zutaten ging es den Leuten wie den Bäckern. Da halfen schon die Pakete aus dem Westen oder wie meine Großmutter zu sagen pflegte „vom Adenauer". Natürlich versandte Adenauer keine Pakete. Sie kamen von Tante Lotte aus Frankfurt am Main. Aber der Begriff „Adenauer" war Synonym für den Westen, für eine starke Wirtschaft und somit für das vermeintlich Bessere. Hatte man alles zusammen, galt es, die nächste Hürde zu nehmen. Einen Backtermin zu bekommen. Dafür musste man sich anstellen. Um eine gute Ausgangsposition einzunehmen, stellten sich die ersten Backwilligen bereits des Nachts an. Da Stollenzeit kalte Jahreszeit bedeutete, waren Unterkühlungen vorprogrammiert. Teuer war das Unterfangen nicht. Es kostete Pfennige. Hatte man den begehrten Termin, lief alles reibungslos. Ob allerdings alle Zutaten auch wirklich im eigenen Stollenteig landeten? Wer wusste das schon genau. Am folgenden Tag konnte man die gebackenen Laiber abholen, die dann als jährliche Grenzgänger auch den Weg zu „Adenauer" fanden.

War die Zeit gekommen, den so schwer erstandenen sächsischen Weihnachtsstollen zu genießen, vergaß man alle Mühen, versank in die immer aufs Neue faszinierende Weihnachtszeit und ließ das System System sein. Was half es? In einem Jahr galt es erneut den kulinarischen Festtagspreis zu erkämpfen.

5 Rubel unter Freunden

Reisen bildet, Reisen macht Spaß, Reisen ist einfach nur schön. Auch wir reisten sehr gern und das auch regelmäßig. Allgemein bekannt ist, dass das Reisen für uns in der DDR ein durchaus nicht so einfaches Thema war. Allein die Tatsache der Existenz zweier konträrer politischer Weltsysteme brachte uns große Nachteile.

Waren die wirtschaftlichen Bedingungen kurz nach dem Zweiten Weltkrieg durchaus noch einem Teil der Menschen, wenn auch sehr schwer, vermittelbar, so stellte der Grenzverschluss in westlicher Richtung für uns doch zunehmend ein Problem dar. Die fehlende Freiheit des Reisens war, wie ich glaube, ein wesentlicher Grund, neben vielen anderen, für die fehlende Akzeptanz des Systems beim Volk.

Reisen war möglich. Der Staat schrieb uns allerdings vor, wohin wir reisen durften. Unmündigkeit in Perfektion für ein ganzes Volk. Trotzdem, wir Deutschen verreisen gern und viel. So fuhren auch wir dahin, wohin wir gelassen wurden.

Reisen mit dem Reisebüro war in Mode gekommen. Der Urlaub war gut organisiert, die Preise jedoch relativ hoch. Die ČSSR, Polen, Rumänien, Ungarn und die Sowjetunion waren die mehr oder weniger benachbarten „Bruderstaaten". Sie wurden zu unseren Hauptreisezielen. Sehr günstige Reisen bot die Einheitsgewerkschaft FDGB (Freier Deutscher Gewerkschaftsbund) an, hier konnten zuweilen für einen Spottpreis die eigenen DDR-Ferienheime angesteuert werden. Das Niveau in den Ferienheimen war anfangs sehr gut, ließ aber über die Jahre immer mehr nach. Zu den gemeinsamen Mahlzeiten bildeten sich lange Schlangen an den Büffets und wer zuletzt erschien, hatte das Nachsehen, denn die leeren Platten wurden selten nachgefüllt. Das Problem war, dass diese Reisen sehr begehrt und in nur geringem Umfang verfügbar waren. Wer das Glück hatte, einen solchen Platz zu ergattern, wurde im nächsten Jahr erst einmal an das Ende der Warteliste gesetzt. So weit, so nicht schlimm.

Später wurde ein auf jugendliche Reiselustige zugeschnittenes Unternehmen mit dem Namen „Jugendtourist" gegründet. Bis zu einem bestimmten Alter konnten hier junge Leute Reisen kaufen. Natürlich überstieg auch in diesem Sektor der Bedarf bei Weitem das Angebot. Sehr vereinzelt bot dieses Reisebüro sogar Reisen in den Westen an, allerdings in nicht nennenswertem Umfang und auch nur für systemtreue Mitläufer. Trotz mehrerer Versuche, eine derartige Reise zu ergattern, gelang es uns nie. Der Kontrollmechanismus des Staates war intakt, auch in diesem Bereich!

An eine Reise erinnere ich mich noch sehr gut. Ingrid und ich fuhren mit „Jugendtourist" in die Sowjetunion. Es war eine interessante Rundreise. Die weißrussische Hauptstadt Minsk, das Hochgebirge Kaukasus, die kleine Kurstadt Kislowodsk, was soviel wie Sauerstoffbad heißt, und der berühmte Badeort Sotschi am Schwarzen Meer waren nur einige Anlaufpunkte. Die Quartiere waren einfach und zweckmäßig, unsere Ansprüche ebenso. Glück hatten wir, als wir in Sotschi ankamen. 1980 sollten in Moskau die Olympischen Spiele stattfinden und die Amerikaner hatten ihre Teilnahme abgesagt. Die Absage war die Retourkutsche für ein ähnliches Verhalten der Russen bei der vorangegangenen Olympiade. Ein eigens für sie errichtetes Hotel, das „Schemschuschchina" („Die Perle") stand fast leer und so durften wir das Vier-Sterne-Hotel beziehen. Das war ein Erlebnis. Büffetverpflegung vom Feinsten und Zimmer mit trockener Bettwäsche. Oft war die Bettwäsche in den anderen Hotels noch feucht und wir mussten die Betten wie in einer Jugendherberge selbst beziehen, hier nicht! Sogar einen eigenen Swimmingpool hatte das Hotel.

Jedoch als wir nichts ahnend in Badekleidung zum Pool wollten, trat uns eine rundliche russische Kontrolldame in den Weg und verlangte 5 Rubel Eintrittsgeld. Der Rubel wurde im Verhältnis 1 zu 3,2 getauscht. Für 3,20 DDR-Mark erhielten wir demzufolge 1 Rubel. 16 Mark für einmal Schwimmbecken waren eindeutig zu teuer für uns. Das Kuriose an der Sache war, dass im Hotel auch Touristen aus dem Westen Deutschlands wohnten, die allerdings keinen Eintritt zahlen mussten.

Uns wurde zu jeder Gelegenheit eingehämmert, dass die Sowjetunion unser bester Verbündeter sei, unser Bruder. Unser „Großer Bruder" verlangte von uns Geld und die „Bösen", die Klassenfeinde, sollten kostenlos ins Wasser gelassen werden, das verstand wer will. Wir waren frustriert, zahlten nicht und gingen ins Meer baden.

Am Abend hörten wir im Hotel Tanzmusik und da sonst nichts weiter los war, strebten wir den Schallwellen entgegen. Zum Hotel gehörte eine tolle Bar mit einer sehr schönen Tanzfläche. Allerdings mit einem Nachteil: Nach 22 Uhr konnte hier nur noch mit Westgeld bezahlt werden. Westgeld für Getränke? Wir hatten kein Westgeld, wir durften kein Westgeld aus der DDR ausführen. Wenn wir welches besessen hätten, dann hätten wir uns davon im Intershop sicher ein Stück gut riechende Seife gekauft oder eine Jeans. Wir wurden wie Menschen zweiter Klasse behandelt und das von unseren „besten" Freunden.

Durch meine jährliche Bereitschaft, in Flecken-Zechlin bei Rheinsberg/Brandenburg zwei bis vier Wochen als Leiter des Kinderferienlagers zu arbeiten, hatte ich den Vorteil, ab und zu nach Ungarn fahren zu können. Unser Betrieb hatte dort Ferienwohnungen gemietet und im Austausch einem ungarischen Betrieb Ferienmöglichkeiten bei uns zur Verfügung gestellt. Diese Plätze waren rar. Ich hatte das Glück, öfters bedacht zu werden und so wurde Ungarn zu unserem wichtigsten Reiseziel. Ein zusätzlicher großer Vorteil bestand darin, dass wir Verpflegungstalons erhielten, die in diversen Restaurants als Zahlungsmittel anerkannt wurden. Die DDR begrenzte den Umtausch von DDR-Mark in Forint und so stand jedem nur ein begrenztes Geldbudget zur Verfügung. Dank der Talons, konnten wir unser Geld für andere Dinge ausgeben. Nicht verbrauchte Talons haben wir dann kurz vor dem Ende unseres Urlaubs bei den Kellnern zu Bargeld gemacht. Der Tauschkurs war nicht gerade günstig. Das nahmen wir hin.

Auch unsere Tochter Peggy erinnert sich noch gut an die Zeit in Ungarn:

Alles für eine kurze Weile hinter sich lassen, dem Alltag entfliehen, neue Inspirationen erhalten und neue Liegestühle!

Zwar war ich zu dieser Zeit noch sehr klein, aber an unseren alljährlichen Ungarnurlaub kann ich mich noch sehr genau erinnern. Plötzlich durfte ich Badesachen einpacken und alles Spielzeug, das ich hatte. Das frühe Aufstehen, die Aufregung und Spannung, die in der Luft lagen, all das war ein großes Ereignis für mich und ich konnte es gar nicht erwarten, endlich in unseren grünen Wartburg zu steigen.

Die Fahrt führte uns von Karl-Marx-Stadt über die Tschechoslowakei nach Heviz, einer nicht sehr großen aber gemütlichen Thermalstadt in der Nähe des Balaton, zu Deutsch Plattensee genannt. Jedes Jahr mieteten wir eine Ferienwohnung. Jedes Jahr die gleiche, denn wenn man als DDR-Bürger einmal Gefallen an etwas gefunden hatte, gab man es auch nicht so schnell wieder auf. Schräg gegenüber dem Ferienhaus lag ein altes Bauernhäuschen mit ein paar Hühnern im Vorgarten, die natürlich stets meine Aufmerksamkeit erregten. So steckte ich mein winziges Näschen Tag für Tag durch die Maschen des Zaunes, der mich von meinen neuen tierischen Freunden trennte.

Eines Tages muss der ältere Mann, der dort lebte, sich wohl gefragt haben, wer dieses Mädchen war, das ihn täglich besuchte, ohne ihn je bemerkt zu haben.

Ich weiß nicht mehr genau wie es kam, aber nach einer Weile war er meinen Eltern vorgestellt und von mir auf den Namen „Onkel Jonapot" getauft worden. Diesen rief ich jedes Mal voller Inbrunst aus, wenn er irgendwo in seinem urigen Gärtchen auftauchte. „Jonapot" heißt zwar „Guten Tag" auf ungarisch, aber für mich blieb es der Name des älteren Herrn.

Ich weiß bis heute nicht, wie er eigentlich hieß, aber das trübt meine Erinnerung an diesen liebenswerten Menschen in keiner Weise. Ich erinnere mich nur an seine abgenutzte Arbeitskleidung, sein von harter Arbeit gezeichnetes und sonnengegerbtes freundliches Gesicht und seine warme Ausstrahlung. Da er kein Deutsch sprach, beschränkte sich unsere Kommunikation auf Fingerzeige, einzelne Wörter und Lächeln. Oft, wenn ich im Garten bei den Hühnern war, verschwanden meine Eltern mit ihm im Keller. Ich dachte mir wohl nichts weiter dabei, denn Kinder tendieren verständlicherweise dazu, alles was die „Großen" tun, merkwürdig zu finden. Sie kümmern sich deshalb nicht darum. Aber die Neugier gewann wohl die Oberhand und ich ging nachsehen. Da standen sie, alle ein kleines Glas in der Hand, und lächelten mich an! Aha, Onkel Jonapot hatte also, wie ich jetzt weiß, eine kleine Schnapsbrennerei im Keller, was in Ungarn durchaus üblich ist. Und so hatten auch meine Eltern etwas von meiner Liebe zu Tieren.

Die schönen Sommertage verbrachten wir meistens am Balaton, der als Kind eher ein Meer für mich war als ein See. Am Strand gab es große runde Metallumkleidekabinen, von denen schon die Farbe abblätterte. Diese zogen mich magisch an. Nur ihr Sinn blieb mir damals völlig unerklärlich und so wurden sie zu stummen Spielkameraden. Irgendwann muss wohl irgendjemand, wahrscheinlich meine Mutter oder mein Vater, hineingegangen und in Badekleidung wieder herausgekommen sein, denn plötzlich wurde mir der Zweck der Blechmonster klar. Von da an rannte ich nackt, wie ein fünfjähriges Kind nun mal am Strand herumläuft, mit meiner Badehose unter dem Arm hinein und kam nach zwei Minuten stolz lächelnd und badefertig angezogen wieder heraus.

Das Ungarische Meer befand sich damals auf dem Gipfel der Beliebtheit bei den Touristen, nicht nur bei denen aus der DDR. So gab es immer auch viele andere Kinder und viel anzustellen. Wir spielten mit überdimensionalen Schachfiguren oder okkupierten stundenlang die blaue Riesenrutsche. Nach dem Rutschvorgang rannten wir so schnell es ging wieder die glitschige Eisentreppe hinauf, nicht nur um wieder und wieder hinabzusausen, sondern weil uns das große Auffangbecken Angst machte. Inmitten tosender Wassermassen raste man abwärts, den folgenden Rutscher schon dicht auf den Fersen, um letztendlich in das aufgewirbelte Wasser hinabgesogen zu werden.

Wo ich mir damals wie eine Kaulquappe im Strudel vorkam, erschiene es mir heute wohl eher wie eine Ente, die in einer Pfütze schwimmt. Aber genau das ist doch das Schöne an solchen Erinnerungen, sie zeigen eine andere Sicht auf die Welt, eine spektakulärere, aufregendere. Man war ein Entdecker auf einem neuen Planeten.

Natürlich entdeckte ich auch damals schon die verschiedenen Genüsse, die Essen bieten kann. Ich liebte Langos mit Käse und zufällig gab es am Strand auch einen kleinen Imbiss, der diese ungarische Leckerei anbot. Fast jeden Tag zog ich meiner Mutter am Rockzipfel, um ein paar Münzen zu bekommen, die mir die Freude eines warmen Maisfladens bescheren sollten. Doch sobald ich ihn in der Hand hielt, gab es auch schon wieder viele andere Dinge, die meine Aufmerksamkeit auf sich zogen. Ich plapperte lebhaft mit anderen Kindern und einmal wurden meine kleinen Hände, die den Langos umklammerten, wahrscheinlich bei irgendeiner Interaktion mit meinen Spielkameraden benötigt. Kurzerhand klemmte ich die heiße Leckerei zwischen meine Knie. Nach einigen Momenten der Ablenkung bemerkte ich schlagartig einen brennenden Schmerz und der Fladen fiel in den Sand. Meine Eltern hatten das alles beobachtet und konnten sich ein herzliches Lachen nicht verkneifen.

*Auf dem Rückweg von der Strandpromenade zu unserer Ferien-
wohnung kehrten wir oft in einem kleinen Restaurant mit einer
großen Terrasse ein. Hinter einer niedrigen Steinmauer saß man
unter roten Sonnenschirmen und schlemmte, während Blumen-
verkäufer und Folkloregruppen durch die Reihen der Tische zogen und auf einen Obolus von den ausländischen Besuchern
hofften. Mein Leibgericht war Palatschinken, eine Art ungari-
scher Eierkuchen, gefüllt mit einer zähen Masse aus Schokolade
und Nüssen. Aber eigentlich galt meine ganze Vorfreude beim
Betreten des Restaurants etwas anderem, der Himbeerbrause. Sie
schmeckte nicht nur himmlisch süß, sondern färbte die Zunge
magentafarben und das konnte, falls man diese später jemandem
herausstrecken wollte, als schockierender Spezialeffekt noch von
Nutzen sein.*

*Was wäre Urlaub ohne Einkaufen? Besonders weil es viele Dinge
zu Hause gar nicht gab, war die Verlockung umso größer. Farbenfrohe Sommerkleidung, nützliche Kleinigkeiten oder regenbo-
genfarbene Liegestühle fanden in zahlreichen Kofferräumen den
Weg in den Osten Deutschlands. Natürlich wäre die DDR nicht
die DDR, wenn sie diese Bereicherung ihrer Bürger außerhalb
der direkten Kontrolle des Staates einfach so zugelassen hätte.
Und so kam es, dass ich nie die Gelegenheit bekam, zu sehen, wie
die Grenze aussah oder die Grenzbediensteten. Denn jedes Mal
wenn wir zirka 1 Kilometer vor einem Grenzübergang waren,
kam von meinem Vater die aufgeregte Forderung, mich schlafend
zu stellen. Das sollte ganz einfach den Zweck haben, dass die
Zöllner, falls sie mit einer Durchsuchung des Wagens liebäugel-
ten, beim Anblick eines friedlich schlafenden Kindes ihre Meinung änderten und beschlossen, die Familie durchzuwinken. Es
funktionierte! Die bunten Liegestühle gibt es noch und sie sind
immer noch funktionstüchtig. Im Gegensatz zu heutigen Ge-
brauchsgegenständen waren diese für die Ewigkeit gemacht.*

*Ein wenig Mut zahlt sich also aus und neben neuen Gartenmö-
beln nahmen wir jedes Jahr eine Menge neuer sonniger Erinnerungen mit. Wir zehrten noch davon, wenn der sozialistische
Alltag längst wieder eingekehrt war.*

Die Erinnerung eines Kindes ist anders als die eines Erwachsenen. Wir konnten uns freuen. Wir konnten reisen. Wir haben uns vom Alltag erholen können. Das System setzte Grenzen, doch wir fanden Freunde überall. Die Gedanken ließen sich nicht einsperren. Es sind Erinnerungen und Erlebnisse, die zu unserem Leben gehören und es bereichern. Nichtsdestotrotz, Reisen war möglich. Wir nutzten die begrenzten Möglichkeiten und auf unseren Reisen haben wir vieles erlebt und gesehen. Wir lebten mit den Gegebenheiten. Nicht immer und doch oft glücklich! Täglich zu hadern führte zu Frust, wir brauchten Kraft und Regeneration. Deshalb machten wir das Beste aus der Situation, in den vorgegebenen Grenzen.

Die Gewerkschaftsversammlung

Das Jahr 1989 war geprägt durch eine das ganze Land erfassende Unruhe. Die Zeit des Stillhaltens schien vorbei zu sein. Auch mein Stillhalten sollte ein Ende finden.

An einem Montagnachmittag, es war traumhaftes Wetter, wurde in unserer Betriebsberufsschule eine Gewerkschaftsversammlung anberaumt. Nicht irgendeine, nein, es sollte der Gewerkschaftsvorstand gewählt werden. Dass diese Veranstaltung mein Leben nachhaltig verändern würde, ich ahnte es nicht einmal.

Montags war der Tag, an dem sich in der Regel die Lehrer und Mitarbeiter zu diversen Besprechungen trafen oder besser gesagt, treffen mussten. Pflichtveranstaltung war das sogenannte monatlich zelebrierte Parteilehrjahr. Auch Nichtparteimitglieder waren zur Teilnahme an dieser Veranstaltung der besonderen Art verpflichtet. Hier wurde reine Gehirnwäsche betrieben, das System verklärt, die Realität ausgeblendet und die Vorzüge gegenüber dem sogenannten Klassenfeind im Westen herausgearbeitet. Auch wenn man als Normaldenkender kaum den vorgebrachten und an den Haaren herbeigezogenen Argumentationslinien folgen konnte, hatte man keine Wahl. Man ließ es über sich ergehen, immer mit dem Blick zur Uhr, wann endlich mit dem Ende Erlösung nahte. Kritische Äußerungen waren die Ausnahme. Wagte doch einer der Anwesenden etwas zu sagen, was den Parteifunktionären nicht gefiel, so konnte er sich sicher sein, dass es für ihn früher oder später Konsequenzen haben würde. Nein, inhaftiert wurde man nicht gleich. Aber bei Auszeichnungen, bei Beförderungen und Ähnlichem wurde man übergangen, ignoriert, auf diese besondere Art bestraft. Im schlimmsten Fall wurde man vor die Parteiversammlung zitiert, die stets in den Räumen der Schule stattfand, um sich dort zu rechtfertigen und um von den Genossen bekehrt, weil belehrt, zu werden. Neben der Partei, der SED, gab es auch andere Parteien. Diese „Alibiparteien" hatten jedoch keine Macht und keine staatliche Reputation. Sie mussten für die im Namen des Staates proklamierte sogenannte Demokratie herhalten. Einfluss jedoch hatten sie keinen und Privilegien, wie die SED, schon gar nicht. Eine Parteiversammlung der CDU in einer sozialistischen Schule, undenkbar! Niemand zog diesen Gedanken auch nur ansatzweise in Erwägung.

An besagtem Montag stand also eine Huldigungsveranstaltung des Systems auf dem Dienstplan. Dieses Mal ging es um die Wahl der Betriebsgewerkschaftsleitung. Dazu muss man wissen, dass das Wort Gewerkschaft, wie wir es heute verstehen, nichts, aber auch gar nichts mit der Einheitsgewerkschaft FDGB der DDR zu tun hatte. Der aufgeblähte Angestelltenapparat und parteiloyale Kader war nichts anderes als ein willenloses Instrument der Machthaber. Nicht unabhängig, nicht eigenständig, nein, ein Teil des Systems, ein Werkzeug. Diese Gewerkschaft organisierte nahezu 90 Prozent aller Arbeiter und Angestellten in der DDR. In 15 Untergewerkschaften gegliedert, war sie aufgrund eines Befehls der Sowjetischen Militäradministration entstanden. Die Mitgliedschaft wurde sozusagen „Par ordre de mufti" bei den meisten Menschen, die in der DDR berufstätig waren, vorausgesetzt. Pro Monat wurde jedem Mitglied ein sich nach dem Verdienst richtender Beitrag automatisch vom Lohn abgezogen und in Form von Beitragsmarken zugestellt. Zusätzlich zu dem Beitrag für diese Organisation wurde noch ein sogenannter Solidaritätsbeitrag einbehalten. Wozu dieser „Soli" verwendet wurde, kommunizierte man kaum. Jeder wusste, dass Länder, deren Regierungen mit den kommunistischen Machthabern paktierten, unterstützt wurden. So flossen unter anderem riesige Geldbeträge nach Kuba, Ägypten, Angola und Äthiopien, um nur einige Länder zu nennen. Kurzum, das

System versuchte auf diese Art und Weise seinen Machtbereich auszubauen, einen Flächenbrand zu erzeugen, an Größe zu gewinnen. All dies mit dem Geld seiner Bürger. Gefragt wurde niemand! Die Bezahlung wurde einfach vorausgesetzt. Doch zunehmend wurden die Menschen unruhig. Bei zusätzlich durchgeführten Sammelaktionen zum genannten Zweck, fragte manch einer offen nach, wofür denn das Geld eigentlich verwendet werde. Diese Aktionen waren zwar freiwillig, sich jedoch davon zu entziehen, bedeutete Auffälligkeit und Registrierung. Gorbatschow hatte Glasnost, was soviel wie Transparenz bedeutet, versprochen. Eine frühere Losung lautete: „Von der Sowjetunion lernen, heißt Siegen lernen". Warum also nicht auch Transparenz lernen? Nach wie vor war die UdSSR das politische Ankerland, nach wie vor fühlten sich die Russen in der DDR als der „Große Bruder", der die DDR beaufsichtigte. Was der große Bruder sagte, konnte doch nicht falsch sein, oder doch?! Es waren zumindest neue und ungewohnte Begriffe, die aus Moskau kamen. Die Machthaber der DDR waren irritiert, konnten mit der neuen politischen Wetterlage nicht umgehen. Unsicherheit überkam sie. Angst, es könne sich etwas ändern. Kritik könne zum Instrument der Menschen werden und Gewohnheiten, die sich in einer Diktatur sehr leicht kontrollieren ließen, in Frage stellen. Das konnte auf Dauer nicht gut gehen. Wir Menschen in der DDR spürten einen Hauch von Aufbruch, einen Hauch von Veränderung, wenn auch noch sehr weit entfernt und nicht konkret greifbar. Aber, mit den Russen war unsere Welt in Bewegung gekommen. Jeder spürte es. Auch in den Betrieben begann sich Widerstand zu regen und immer mehr Menschen trauten sich, ihre Meinung laut zu äußern. Der Staat ignorierte alle Anzeichen des inneren Drucks. Zumindest konnte man diesen Eindruck gewinnen, wenn die täglichen Erfolgsmeldungen über die Medien verbreitet wurden. Auch an unserer Berufsschule lief alles weiter wie bisher. Die Wahl der Gewerkschaftsvertreter wurde durchgeführt und nichts deutete darauf hin, dass sich etwas geändert haben könnte. So wie es in den Jahren vorher lief, würde sicher auch dieses Mal alles glatt gehen.

Die Berufsschule, an der ich zwölf Jahre als Fachlehrer für den Bereich Textiltechnik unterrichtete, war ein typischer Schulbau. Man sah dem imposanten Gebäude seine Bestimmung schon von außen an. Großzügig gebaut, mit dicken Wänden, großen Fenstern, breiten Korridoren, unzähligen Zimmern und einem breiten Treppenaufgang. Das Lehrerzimmer, in dem die Wahl stattfinden sollte, befand sich im ersten Stock. Die Tische waren in einem Rechteck aufgestellt. Die Wahl schien wie immer abzulaufen. Das Spiel mitmachen und das Ganze nur schnell hinter sich bringen. Nachdenken brachte nichts, veränderte die Situation nicht. Also rein und durch! Nach diesem Motto lebte die Mehrheit.

Lange vor diesem Tag hatte ich beschlossen, dieses Spiel nicht mehr mitzuspielen. Mein Entschluss stand fest. Ich wollte gegen die Wahlvorschläge stimmen. Es war an der Zeit, sich nicht länger willenlos vor den Karren spannen zu lassen, nicht länger Ja-Sager und damit Unterstützer zu sein. Nein, ich wollte nicht mehr mit einer Maske umherlaufen. Ich wollte Gesicht zeigen, mein Gesicht!

Die Wahlvorschläge wurden verlesen. Nachdem keine Zusatzanträge gestellt, keine Fragen geäußert worden waren, wurden die Wahlzettel mit den Namen der Abzunickenden ausgeteilt. Es war soweit, jetzt oder nie. Die innere Anspannung wuchs, im Hals spürte ich mein Herz klopfen. Mutig strich ich mit einem Kreuz quer über den gesamten Zettel sämtliche Kandidaten durch. Innerlich klopfte ich mir auf die Schulter. Die Wahl wurde anonym durchgeführt. Also rechnete ich scharf nach. Mindestens eine Stimme musste als Gegenstimme auftauchen und das sonst übliche saubere Ergebnis von 100 Prozent trüben. Leichtsinnig gedacht. Es kam anders.

Sorgfältig nahm der Wahlleiter Roland G. die Urne, leerte sie Wahlzettel um Wahlzettel und gab bei jedem Öffnen freudig eine Ja–Stimme zur allgemeinen Kenntnis. Nach zirka zehn Stimmen stockte sein geschäftiger Redefluss. Fragend zeigte er das durch ihn soeben geöffnete Papierquadrat seinen Nachbarn zur Rechten und zur Linken. Nach kurzen und für die Teilnehmenden kaum wahrnehmbaren Gesprächen hob seine Stimme zu einem lauten und allseits gut vernehmbaren „eine ungültige Stimme" an. Ich war einigermaßen irritiert und alarmiert zugleich. Sollte mein eindeutiges Votum einfach so ohne Aufsehen als ungültig abgetan werden, um das gewünschte Wahlergebnis nicht zu gefährden? Und ich war mir sicher, dass es sich nur um meinen Stimmzettel handeln konnte. Nein, das konnte, wollte und durfte ich nicht zulassen. Mit mir nicht! Kurzerhand verließ ich meine Deckung. Nach meiner Wortmeldung erfragte ich den Grund dieser Stimmbewertung. Die Antwort war hanebüchen. Es seien, so entgegnete mir der Wahlleiter, zwei Striche auf dem Blatt und nicht jeder Name sei von diesen Strichen, die ein großes Kreuz bildeten, getroffen. Da man nun nicht genau wisse, welche Namen als gewählt und welche als nicht gewählt zu bewerten seien, ist die Stimme ungültig. Oh Gott, auf so etwas muss man erst einmal kommen. Fassungslos über soviel Ignoranz fand ich dennoch schnell zu mir. „Die Stimme", so entgegnete ich, „ist von mir und ich bitte darum, sie als Nein-Stimme für sämtliche Kandidaten zu werten und in das Wahlprotokoll aufzunehmen." Aus der Deckung einmal emporgetaucht, war ich nun ein gutes Ziel für diverse Angriffe verbaler Art. Zuerst verlangte man von mir eine Begründung dieser Ablehnung. Nun ist es auch in der DDR nicht üblich gewesen, seine Ja-Stimme zu begründen, warum sollte ich meine gegenteilige Votierung erklären müssen? Dies brachte ich als Retourkutsche zuerst an. Obwohl keiner von mir eine Begründung verlangen konnte, wollte ich eine geben. Etwas holprig, durch die Schärfe des Tones verunsichert, erklärte ich meine Gründe. Gewerkschafter seien nicht meine Vertreter, sondern die Interessenvertreter der Partei. So oder ähnlich formulierte ich meinen Widerstand. Aufgeregt hielt ich an meinem Standpunkt fest. Es begann eine Odyssee von Wortgefechten. Man könnte es auch Nervenschlacht nennen. Im Verlauf der Sitzung heizte sich die Stimmung weiter auf. Keiner trat für mich ein, alle blieben in Deckung, in Sicherheit. In der Deckung konnte man gut über die Zeit kommen, eckte nicht an, fiel nicht auf, schwamm mit. Die Kollegen dachten vielleicht in der gleichen Weise wie ich, jedoch hatten sie nicht den Mut sich offen zu bekennen, ein Risiko einzugehen. Oder wollten sie nur ihre Ruhe haben und keine Auseinandersetzung provozieren?

Die Angst vor Repressalien war allgegenwärtig. Man hatte sich eingerichtet. Lediglich im Freundes- oder Verwandtenkreis wurde gegrummelt. Offen gegen das System zu stehen, konnte einem den Job kosten, noch dazu im Berufsstand des Lehrers. Jede Unterrichtsstunde musste, egal ob es passte oder nicht, mit einem politischen Bezug versehen werden. Wieso dies? Ganz einfach, der Staat war auf eine politische Ausrichtung aller bedacht. Da war natürlich die Schule der beste Ort, um seine Ziele zu vermitteln. Sie in die frischen und aufnahmefähigen Gehirne junger Menschen zu trichtern, wie Samenkörner zu säen. Die meisten Lehrer taten das, was oft das einzig Richtige war. Sie erfüllten pro forma die an sie gestellten Forderungen. Konkret bedeutete dies, dass sich in den Stoffverteilungsplänen und den schriftlichen Unterrichtsvorbereitungen die geforderten Bezüge wiederfanden, im Unterricht eher kaum. Es sei denn, es wurde hospitiert. Welchen politischen Bezug sollte man herstellen, wenn es darum ging, angehenden Webern die Leinwandbindung zu erklären? Es war zum Himmel schreiend. Einem Kollegen aus dem Metallbereich erging es ähnlich.

Schon als Jugendlicher fiel er wegen seiner ungewöhnlichen Frisur auf. In der Oberschule wurde er aufgefordert, seine Haare vor der Prüfung schneiden zu lassen. Das System verlangte einen ordentlichen Haarschnitt, ohne sich jedoch festzulegen, was denn unter ordentlich zu verstehen sei. Das Schreiben des stellvertretenden Direktors an seine Eltern belegt die unsinnige Forderung.

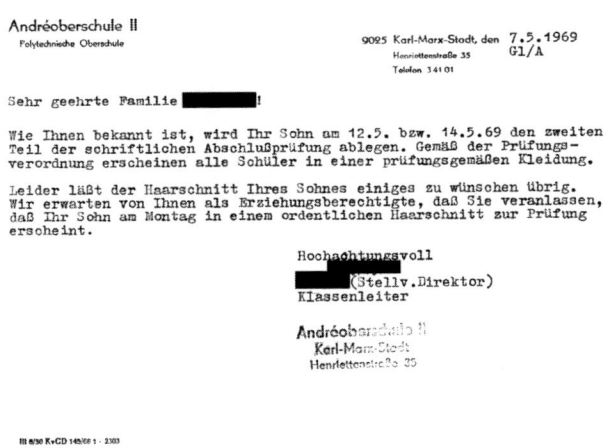

Andréoberschule II
Polytechnische Oberschule

9025 Karl-Marx-Stadt, den 7.5.1969
Henriettenstraße 35   G1/A
Telefon 341 01

Sehr geehrte Familie ▮▮▮▮▮▮!

Wie Ihnen bekannt ist, wird Ihr Sohn am 12.5. bzw. 14.5.69 den zweiten Teil der schriftlichen Abschlußprüfung ablegen. Gemäß der Prüfungsverordnung erscheinen alle Schüler in einer prüfungsgemäßen Kleidung.

Leider läßt der Haarschnitt Ihres Sohnes einiges zu wünschen übrig. Wir erwarten von Ihnen als Erziehungsberechtigte, daß Sie veranlassen, daß Ihr Sohn am Montag in einem ordentlichen Haarschnitt zur Prüfung erscheint.

Hochachtungsvoll

▮▮▮▮▮ (Stellv.Direktor)
Klassenleiter

Andréoberschule II
Karl-Marx-Stadt
Henriettenstraße 35

III 8/30 K-GD 145/69 1 - 2303

Mit einem Trick umging er die Prozedur und band sich einen Pferdeschwanz, den er zur Prüfung geschickt unter dem anderen Haar verbarg. Trotzdem hat er es bis zum Lehrer geschafft, seine Frisur trägt er noch heute. Sie ist sein Markenzeichen geblieben.

Er behandelte im Fachunterricht für Dreher und Fräser das Thema Metallverbindungen und während der Behandlung der Stoffeinheit der Nietverbindung vergaß er den politischen Bezug herzustellen. Gerade in dieser Unterrichtsstunde wurde hospitiert. In der Auswertung wurde die Stunde lang und breit analysiert mit dem Ergebnis, dass der wichtige politische Hintergrund fehlte und dass die sowjetische Kalaschnikow doch auch Nietverbindungen habe. Wie hatte er das vergessen können?! Die pädagogische und fachliche Qualität hatte hinter die geforderten politischen Aspekte zurückzutreten. Ein Leistungsprinzip der besonderen Art! Effizient nur für den Machterhalt einer Diktatur, mehr nicht!

Die Wahlveranstaltung endete so wie erwartet. Die Wahlvorschläge wurden mehrheitlich, weil es nur eine Gegenstimme gab, bestätigt. Alles lief im gewohnten Trott weiter. Die Funktionäre wurden wie immer in ihrem Amt bestätigt. Einen Sinn, außer der Partei als willenlose Vasallen zu dienen, konnte ich ihrer Beschäftigung nicht entnehmen. Bezahltes Nichtstun für die roten Diktatoren. Ein Oxymoron. Nichts tun und trotzdem oder gerade deshalb das System tragen. Es gab derer viele, leider zu viele.

Die Auswirkungen meines Verhaltens bei der Wahlveranstaltung, sollte ich nach etwa zwei Wochen am eigenen Leib verspüren.

Unerwarteter Besuch

Die Staatssicherheit tat, was sie zu tun hatte, wozu sie den Auftrag vom Staat erhielt. Sie passte auf, dass wir nicht aus der Reihe tanzten. So wurde sie auf mich aufmerksam. Nach der Gewerkschaftswahl sollte es nicht lange dauern, bis ich dies zu spüren bekam.

Es war ein warmer Sommertag. An diesem Tag war ich allein zu Hause. Frei aller störenden Textilien schlief ich tief, bis ich, es war gegen 4 Uhr morgens, jäh aus meinen Träumen gerissen wurde. Vom Klingeln und Klopfen an meiner Wohnungstür aufgewacht, hangelte ich mich nichts ahnend und schlaftrunken zur Tür. Sollte es unserer Nachbarin, einer älteren, netten Dame, etwa nicht gut gehen? Oder hatte sich ein Mitmieter, der zeitweise als Kellner arbeitete und ebenso oft in Schräglage nach Hause kam, mit der Klingel geirrt? Einerlei, ich öffnete die Tür, indem ich mich, unbekleidet wie ich war, hinter die Tür stellte und nur den Kopf aus dem Türspalt reckte. Plötzlich wurde ich unsanft zurück in den Raum gestoßen, die Tür wurde von außen mit Gewalt aufgedrückt. Vier Männer drangen polternd in meine Wohnung ein. Ein Mann in ziviler Kleidung mit kurzem zur Seite gescheiteltem Haar, etwa vierzig Jahre alt, zeigte mir flüchtig einen kleinen dunkelgrünen Klappausweis und einen Bogen Papier. Er stammelte etwas von Hausdurchsuchung, ging an mir vorbei und folgte seinen Kollegen in das Wohnzimmer. Ich war so geschockt, dass ich keine Gelegenheit hatte, auch nur irgendetwas zu entgegnen. Die Situation war verworren. Ich kapierte nichts. Fröstelnd und ängstlich zog ich mich an und folgte mechanisch den Anweisungen. Alles lief wie in einem bösen Traum ab. Währenddessen waren drei der vier Eindringlinge damit beschäftigt, sich Zugriff zu unseren wenigen Habseligkeiten zu verschaffen. Alles wurde durchwühlt, in jeden Schrank, unter jedes Regal, unter jedes Kissen geschaut, jedes Bild betrachtet. Unsere Privatsphäre wurde einfach aufgeschnitten. Kein Stück blieb auf dem anderen, kein Einrichtungsgegenstand wurde außer Acht gelassen. Sogar die Vorhänge an den Fenstern wurden inspiziert. Was sollte das? Wer gab ihnen das Recht dazu, uns derartig zu peinigen? Eine erniedrigende Situation, die unreal erschien. Zuweilen hatte ich von der Stasi gehört. Jetzt war sie auch bei mir. Ich hätte sie mit meinen Händen greifen können. Eine alte Bibel, die mir vor einigen Jahren ein Freund aus Berlin geschenkt hatte, erregte ihre Aufmerksamkeit. Sie wurde konfisziert. Sonst fanden die Herren wohl nichts, was für sie von Interesse war. Erst viel später wurde mir die Bibel in der Polizeidirektion unserer Stadt zurückgegeben.

Nachdem die überfallartige Durchsuchung beendet war, wurde ich aufgefordert mich anzuziehen und zu einer Vernehmung zu folgen. Hinter dem Haus parkte ein Lada. Ich wurde auf die Rückbank zwischen zwei der gerade noch aktiven Schnüffler gepfercht. Unsanft bedeutete man mir, dass ein Fluchtversuch zwecklos sei. Wie sollte ich auch? Weder körperlich noch mental war ich in diesem Moment dazu in der Lage. Der Schreck lähmte mich. Der Überraschungseffekt wurde zu einer eigenen Dimension. Ich stand neben mir und beobachtete mich wie aus der Ferne. Was war los? Weshalb dieser Überfall? Tausend Dinge rasten durch mein Gehirn. Habe ich etwas falsch gemacht, eine unbedachte Äußerung, eine politisch auswertbare Systemkonfrontation begangen? Hatte mich einer angeschwärzt. Hinter jedem Mitmenschen konnte einer stecken, der zu diesem Verein Verbindungen hatte. Irritation, Angst, Unsicherheit, Hilflosigkeit, ausgeliefert sein, Ohnmacht spüren! Oder war der Grund in meiner Ablehnung zu suchen, wehrdiensttaugliche Jugendliche unserer Schule für den verlängerten Wehrdienst zu werben? Mit der Begründung, dass ich niemanden werbe, der dann dazu verdonnert wird, seine eigenen Landsleute an der innerdeutschen Grenze zu erschießen, hatte ich kürzlich für einen Eklat an unserer Schule gesorgt. Dabei hatte ich das Erlebnis vor Augen, das ich hatte, als ich Freunde in Berlin besuchte und in großem Abstand zum Brandenburger Tor auf die Grenze und die Grenzsoldaten schaute. Ein Anblick, der jedem das Blut in den Adern erstarren ließ. Da standen sich Deutsche gegenüber, wie die Besucher in einem Tierpark. Auf der Westseite schauten die Menschen von Aussichtsplattformen auf die Menschen im Osten. Auf der Ostseite patrouillierten die Soldaten mit Maschinenpistolen auf der Schulter. Wie konnte man den Losungen der Kommunisten Glauben schenken, dass die DDR die humanistischen Traditionen der deutschen Freiheitskämpfer fortsetze? Nein, das war alles Lüge, die Realität war die Wahrheit, sie zeigte wie das System wirklich funktionierte. Gewalt und Druck zwangen uns in diesem Land zu bleiben, wir hatten keine andere Wahl.

Jetzt hatten mich die systemtreuen Stasileute unter ihre Beobachtung und direkte Kontrolle gestellt. Ich wurde ohne Haftbefehl einfach mitgenommen.

Nach einer kurzen Autofahrt hielten wir vor einem dreistöckigen Klinkerbau auf dem Kassberg, einer ehemals bürgerlichen Wohngegend. Ich wurde in einen Raum gebracht und auf einem Stuhl platziert. Kurz darauf erschien ein Mann. Mit einer Glasdose in der Hand kam er auf mich zu und forderte mich in rüdem Ton auf, das Stoffstück, was sich im Glas befand, herauszunehmen und in meine Hosentasche zu stecken. Ich brauchte kein Taschentuch! Erst später erfuhr ich, dass dies eine Geruchsprobe für eine Geruchskonserve werden sollte. So hätte ich im Falle eines Falles durch Spürhunde leichter ausfindig gemacht werden können. Während der Vernehmung blieb das Tuch in meiner Hosentasche, um meinen Körpergeruch anzunehmen. Perfide! Der Geruchsprobe folgten die üblichen Prozeduren einer erkennungsdienstlichen Erfassung, wie Fotos, Fingerabdrücke und Leibesvisitation. Fragen nach dem Grund wurden ignoriert oder harsch abgewiesen. Das Ausgeliefert sein, im Unklaren zu sein und Angst zu haben waren gute Voraussetzungen, um mich in die Mangel nehmen zu können, mich zu bearbeiten, aus mir Dinge herauszuquetschen, die sie ohnehin wussten. Nach einer endlos scheinenden Wartezeit in einem dunklen, weil fensterlosen Raum, wurde ich in das Verhörzimmer gebracht, eher gestoßen. Ein etwa fünfzigjähriger, hagerer und in einem schlecht sitzenden dunkelgrünen Anzug gekleideter Mann saß unbeweglich an einem Schreibtisch und würdigte mich keines Blickes. Ich musste mich ihm genau gegenüber setzen. Das Licht einer runden schwarzen Tischlampe schien direkt in mein Gesicht. Nach kurzer Zeit war alles um mich schwarz, so sehr blendete das Licht. Die Taktik war klar. Mürbe machen, klein machen, Angst verbreiten, Unsicherheit etablieren. Dort, wo sich Selbstsicherheit und eigenes Gedankengut befanden, sollten Lähmungen erzeugt werden.

Nachdem ich die Angaben zu meiner Person bestätigt hatte, kam der Vernehmer zur Sache. Seinen Namen kenne ich bis heute nicht. Er stellte sich nicht vor. Ließ mich im Unklaren über seine Identität. Mister „Noname" war ein typischer Vertreter seiner Spezies. Graues, kurz geschnittenes Haar und ein Gesichtsausdruck, der keine Deutungen zuließ, der keinen Interpretationsspielraum gab. Sein Anzug glich der Farbe seines Teints. Er begann konkreter zu werden. Wie denn meine Haltung zu unserem Staat sei, welche Kontakte ich in den Westen hätte und konkret zu wem. Er fragte mich Dinge, die die Staatssicherheit, in deren Fängen ich mich gerade befand, im Detail schon kannte. Immer zielgerichteter folgten nun Fragen in Richtung Gewerkschaftsversammlung. Jetzt konnte ich mir sicher sein, es ging nur darum, etwas anderes kam nicht in Frage. Die

Absicht der Fragen war eindeutig! Sie wollten herausfinden, ob hinter meinem Verhalten bei der Wahl mehr steckte. Ob ich Kontakte zu Menschen hatte, die sich auch gegen das System auflehnten, ob ich Einzeltäter oder organisiert war. Wer die Hintermänner waren. Aus allen Fragen sprach Unsicherheit.

Das Gespräch, besser das Verhör, endete so, wie es begonnen hatte, ohne Vorspiel und ohne Nachspiel. Mehr als Antworten auf die Fragen waren nicht erwünscht. Ich sollte die Allmacht der Staatssicherheit spüren und weich geklopft werden, in der Hoffnung, anschließend meinen Mund zu halten. Doch hatten sie nichts aus mir herausholen können, keine helfenden Informationen. Wie auch? Ich war Einzeltäter. Sämtliche Entscheidungen waren von mir allein ausgegangen. Eine Fremdeinwirkung konnte mir nicht nachgewiesen werden. Auch unter Androhung körperlicher Gewalt versuchten sie mich zur Bestätigung der Vorwürfe zu bewegen. Vergeblich! Man berührte mich jedoch nicht. Nach fast drei Stunden wurde ich gezwungen ein Papier zu unterschreiben. Sinngemäß war es wohl eine Erklärung, dass das Verhör rechtens verlief. An den genauen Inhalt erinnere ich mich nicht mehr. Der gesichtssowie namenlose Offizier forderte mich auf, unverzüglich meinen Dienst an der Schule aufzunehmen. Die Schule wurde informiert.

Wie ich an diesem Tag unterrichtete, weiß ich nicht mehr. Ich war wie betäubt. Das, was hinter vorgehaltener Hand zuweilen über die Stasi zu hören war, hatte ich nun selbst erlebt. Es war mir geschehen. Entrüstung und Wut schafften sich langsam Raum und verdrängten Angst und Ohnmacht in mir. Wie sollte es weitergehen? In diesem Moment hatte ich keine Antwort parat. Nur eines wusste ich, so nicht! So wollte und konnte ich, wollten und konnten wir, nicht weiter leben. Es musste sich etwas ändern. Wir mussten etwas ändern. Aber was? In dem Verhör bei der

Staatssicherheit war mehrfach das Berufsethos eines Lehrers in einer sozialistischen Schule angesprochen worden und man gab mir unmissverständlich zu verstehen, dass ich als Lehrer eigentlich untragbar sei. Dennoch, was ich bis heute nicht so richtig verstehen kann, man ließ mich weiter unterrichten. Es wäre ein Leichtes gewesen, mich aus dem Schuldienst zu entfernen. Zwar wurde ich nur mehr oder weniger geduldet, aber immerhin, ich durfte weiter mit Schülern arbeiten. Für mich war das eine existentielle Frage. Ich liebe meinen Beruf, bis heute! Allein die Drohungen waren Anlass genug, um über Konsequenzen nachzudenken.

Lange sprachen meine Partnerin Ingrid und ich über das Problem. Verschiedene Lösungsansätze gingen uns durch den Kopf. Unsere Tochter Peggy musste in unseren Überlegungen Platz finden. Verschiedene Pläne wurden geschmiedet und verworfen, geschmiedet und erneut verworfen. Es fiel uns nichts ein, wie wir, ohne unsere Existenz zu gefährden, dem System entrinnen konnten. Allmählich hatte sich der Alltag über die Unsicherheiten gelegt, wie Schnee, der eine schmutzige Straße überzieht und alles besser aussehen lässt. Die Straße darunter war nach wie vor schmutzig. Jedoch war das nur zu erahnen und beim ersten Hinschauen nicht zu sehen. Wir ließen uns vom Regelwerk unseres Lebens beruhigen. Jedoch eines stand fest, diese verfahrene Situation wollten und konnten wir nicht auf Dauer dulden. Uns fehlte nur der Ausweg, die Lösung.

Der Druck wächst

Doch nicht alles ging so weiter wie bisher. Im Volk begann es zu gären, das Volk kam in Bewegung. Die Menschen wachten endlich auf und akzeptierten nicht mehr, was so lange Alltag war. Sie ließen sich nicht mehr einlullen. Langsam wich die Angst der Aktion. Lauter wurden die Proteste. Menschen trauten sich offener zu sein, offen Kritik zu üben, offen Missstände anzusprechen. Um die Rathäuser wurde es montags abends lebhaft. Vorsichtig fanden sich die Demonstranten zusammen. Stets von der Angst begleitet, ob sie der Staat gewähren ließ, ob sie wieder zu Hause ankamen, ob sie nicht im Gefängnis landeten. Der Staat registrierte dies alles akribisch. Fotoapparate klickten ständig. Sie dienten nicht den ohnedies spärlich vorhandenen Touristen in Karl-Marx-Stadt, um Erinnerungsfotos zu schießen. Nein! Sie wurden von den Staatssicherheitsbediensteten gemacht. Beweisstücke, wenn es hart auf hart kommen sollte.

Karl Marx hatte als Philosoph die Missstände der frühkapitalistischen Gesellschaft kritisiert und deren Ursachen analysiert. Dagegen ist nichts einzuwenden. Aber die in der DDR in seinem Namen durchgeführte Unterdrückung Andersdenkender, die Einschränkung der persönlichen Freiheiten hätte er mit Sicherheit auch in seinen Werken angeprangert. Er hätte sich kritisch auseinandergesetzt mit Unmündigkeit und mit Bespitzelung, mit Intoleranz und mit Unterdrückung. Doch das vorherrschende System hatte nichts mit freiem und unabhängigem Denken zu tun. Zumindest nicht, was die philosophischen und politischen Kategorien betraf. Jeder der dachte, war eine Gefahr. Eine Gefahr für ein sich selbst belügendes System, das jeglichen Bezug zur Realität negierte oder zumindest nicht kommunizierte. Realitätsverlust ist immer eine Gefahr, der alle Systeme über kurz oder lang ausgesetzt sind. Geht die

Bodenhaftung verloren, dient jegliches Agieren dem puren Machterhalt. Wie es den Menschen im einfachen Volk geht, gerät dabei schnell ins Hintertreffen. Die Kommunisten spürten, dass ihr System nicht vom Volk unterstützt wurde, dass die Phrasen längst durchschaut waren, dass die Losungen, die überall prangten, keiner mehr ernst nahm. Wer glaubte schon daran, dass „Der Sozialismus siegt"?

Die Aufstellung eines überdimensional großen Kopfes von Karl Marx feierten die Kommunisten frenetisch. Er gab der Stadt seinen Namen oder besser gesagt, die Kommunisten nahmen ihn sich von ihm. Neben dem Kopf war Platz für große Tribünen, auf denen die Parteioberen jährlich die Demonstrationen zum 1. Mai huldvoll abnahmen. Rings um den Karl-Marx-Kopf war das einst architektonisch nicht uninteressante Chemnitz mit großen sozialistischen Zweckbauten verunstaltet worden. Die Parteizentrale der SED-Bezirksleitung befand sich genau hinter dem Kopf in einem Gebäude, das von oben gesehen ein M symbolisierte, M für Marx. Die Fassade wurde durch ein Relief verziert, das in den verschiedensten Sprachen die Losung „Proletarier aller Länder vereinigt euch" trug. In dieser unruhigen Zeit glich die Parteizentrale einer Festung. Nach außen war nichts anders. Alles schien ruhig und war so wie immer. Nichts deutete darauf hin, dass die Machthaber im Inneren wie aufgescheuchte Hühner versuchten, die Situation in den Griff zu bekommen, Herr der Lage zu bleiben, die Kontrolle zu behalten. Mitarbeiter wurden in Alarmbereitschaft versetzt und mussten im Gebäude ausharren bis die Demonstrationen zu Ende waren. Selbst die Mitarbeiter, die keinerlei Entscheidungsgewalt besaßen, mussten vor Ort sein. Eilends wurden für den zu erwartenden schlimmsten Fall Maßnahmen getroffen. Die Staatsführung, der Parteiapparat und die Staatssicherheit spürten jetzt, dass im Land eine Bewegung entstanden war, die eine Eigendynamik entwickelte. Einfach zum Tagesgeschäft überzugehen, als wäre nichts gewesen, und in der „Aktuellen Kamera" erfundene und geschönte Erfolgsmeldungen über den Sozialismus zu verbreiten, war kaum mehr möglich. Der Druck verstetigte sich und wuchs von Woche zu Woche. Immer mehr Menschen schlossen sich an, immer lauter wurde offen und frei gesprochen. Doch wohin sich alles entwickeln sollte, keiner konnte es wissen, keiner war Hellseher. Die Erinnerung an die blutige Niederschlagung des Aufstandes in Prag 1968 war noch in Erinnerung. Jeder spürte die Unruhe und es war zum ersten Mal seit dem 17. Juni 1953 Widerstand aus der Starre erwachsen. Wie weit würde sich die Situation entwickeln können? Wann kam der „Große Bruder" zu Hilfe? Brauchte man ihn und wenn ja, in welcher Form würde er intervenieren? Alles Spekulationen, alles war unklar. Weiterhin erfuhr man aus den Medien der DDR nicht die Wahrheit. Wer erfahren wollte, was sich zwischen Ostsee und Erzgebirge entwickelte, informierte sich darüber in der ARD oder im ZDF.

Meine Unsicherheit hatte sich bis zur Unerträglichkeit angestaut. Ingrid und ich wollten mit Peggy hier weg, raus aus der DDR. Doch der normale Lebensrhythmus nahm uns wieder in seine Arme und bis zur Umsetzung unseres Planes vergingen noch viele Wochen. Das Leben und seine täglichen Herausforderungen waren Ablenkung und Zeitfresser in einem.

Die Radarkontrolle

Die Deutsche Volkspolizei regelte den Verkehr und achtete auf Ordnung und Sicherheit. Präsenz zeigte sie häufiger als heute. Der Motorisierungsgrad war eher gering, so sahen wir die in grün gekleideten Damen und Herren meist in Zweiergruppen gelangweilt durch die Straßen ziehen. Es war selten etwas zu regeln. Manchmal kontrollierten sie auch, wie schnell wir mit unseren Trabbis und Wartburgs oder Škodas durch unsere Städte fuhren. Die Geschwindigkeitsüberschreitungen hielten sich in Grenzen. Dafür gab es zwei einfache Gründe. Der erste Grund waren die miserablen Straßen. Fahrwege mit durchgehend einwandfreiem Belag waren die Ausnahme, Buckelpisten die Regel. Der zweite lag in der Beschaffenheit und Leistungsfähigkeit der Autos.

In Chemnitz führt eine lange Einfallstraße aus Zschopau kommend direkt in das Stadtzentrum. Auf dieser Straße fuhr ich mit etwa 63 Stundenkilometern stadteinwärts. Ich war wie immer sehr flott unterwegs. 50 waren erlaubt und es kam, wie es kommen musste. Ein Herr in Grün zwang mich durch das Herausstrecken seiner Kelle zum Anhalten. Nach der üblichen Kontrolle der Fahrzeugpapiere und meines Führerscheins bat er mich, ihm zu folgen und kurzerhand saß ich in einem dunkelgrün lackierten Barkas Kleinbus. Eine ebenfalls uniformierte Dame hielt mir die Geschwindigkeitsüberschreitung vor. Dazu sollte ich Stellung beziehen. Blitzschnell fiel mir ein, dass ich etwa zwei Wochen vorher einen Auffahrunfall verursacht hatte. Ich war etwas zu weit auf einen vor mir bremsenden Wagen aufgefahren und seine überlange Anhängerkupplung bohrte sich in meine Fahrzeugvorderfront. Der Schaden wurde dank der vorhandenen Tauschmittel in Form von Plüschresten, die ich zu diesem Zwecke immer in meinem Kofferraum parat hatte, schnell behoben und glücklicherweise hatte ich den Beleg der Werkstatt noch bei mir. Nun versuchte ich der Polizistin glaubhaft zu versichern, dass ich genau 50 Stundenkilometer gefahren sei und es doch möglich wäre, dass der Tacho bei dem Unfall in Mitleidenschaft gezogen worden war. Es war sagenhaft, dass sie mir fast glaubte. Was aber dann kam, lässt noch heute meine Mundwinkel nach oben schnellen. Sie forderte mich auf, die gleiche Strecke noch einmal mit der von mir beharrlich behaupteten Geschwindigkeit von erlaubten 50 Kilometern pro Stunde zu fahren. Nicht glauben konnte ich, dass sie mich die Strecke allein fahren ließ. Ich fuhr los und hielt die Geschwindigkeit wieder knapp über 60. Es sollte so aussehen, dass der „defekte" Tacho meines Autos 60 anzeigte, wenn ich 50 fuhr. Wieder wurde ich aus dem Verkehr gezogen und landete erneut bei der Dame im Kleinbus. Meine Unschuldsmiene muss wohl echt gewirkt haben, als ich ihr abermals versicherte, genau 50 Stundenkilometer gefahren zu sein. Jetzt hatte ich sie überzeugt, ich war kein Verkehrssünder. Schuld war lediglich mein defekter Tacho! Die Dreistigkeit, mit der ich meine Verkehrssünde begangen hatte und nun zu vertuschen versuchte, hatte sie mir nicht zugetraut. Mit einem Mängelschein wurde ich beauftragt, den offensichtlich defekten Tacho reparieren zu lassen und kam mit 5 Mark Ordnungsgeld davon. Den Lacher in meinem Auto konnte sie Gott sei Dank nicht hören. Noch Stunden später war ich guter Stimmung!

Flecken-Zechlin

Als Lehrer war ich an einer Betriebsberufsschule angestellt. Der Betrieb stellte Möbelstoffe und Plüsche her und trug den eigenwillig gekürzten Namen „Möplü". Zum Unternehmen gehörten unzählige Werke in der Stadt und Umgebung. Mehrere Tausend Menschen fanden hier Arbeit, vornehmlich Frauen. An unserer Schule bildeten wir die verschiedensten Textilberufe aus, unter anderem Spinner, Weber, Wirker sowie Konfektionsnäher und Damen- und Herrenmaßschneider. Gerade die Berufsgruppe der Maßschneider war eine sehr begehrte Ausbildungsrichtung, die Industrie lieferte wenig Tragbares. Außerdem waren Dienstleistungen dieses Handwerksberufes noch durchaus bezahlbar. Die Handwerksmeister konnten unter unzähligen Bewerbern auswählen. Dementsprechend gut war das Niveau in diesen Berufsrichtungen. Besonders Mädchen wollten gern das Schneiderhandwerk erlernen.

In der DDR wurde auf dem Gebiet der Textiltechnik viel geforscht und auch erfunden. So erfand zum Beispiel ein pfiffiger Mann aus Limbach/Oberfrohna nahe Chemnitz eine neue Technologie zur Herstellung textiler Flächen, die in Kurzform „Malimo" genannt wurde. In der Kombination von Web- und Wirktechnologie konnte in bisher ungeahnter Geschwindigkeit produziert werden. „Malimo" war in aller Munde und so versuchten die Wirtschaftslenker der DDR diese Technologie für jede nur denkbare Einsatzmöglichkeit zu verwenden. Der Wunsch, mit dieser Technik die Weberei, die ja bekanntermaßen in sehr langsamem Tempo Flächen herstellte, zu ersetzen, erfüllte sich nicht. Es wurde noch versucht Handtücher und Bettzeug mit einer modifizierten Technik dieser Art zu produzieren, jedoch mit dem gleichen niederschmetternden Ergebnis. Trotz allem, die Technik hat überlebt. Sie wurde als Patent mehrfach hin und her verkauft und wird heute erfolgreich weltweit eingesetzt.

Die Geburtenrate in der DDR war sehr hoch. Auch die Angestellten unseres Betriebes hatten viele Kinder. Das Netz der Kinderkrippen und Kindergärten war flächendeckend und gut strukturiert. Es reichte aus, um den Bedarf zu decken. Natürlich mussten die jungen Mütter zuweilen um einen Platz in der Nähe der Wohnung oder des Arbeitsplatzes kämpfen und sie waren dabei nicht immer erfolgreich. Dennoch, jedes Kind konnte untergebracht werden. Frauen gingen nach der Geburt ihrer Kinder relativ schnell wieder zur Arbeit. Auch aus diesem Grund waren die Einrichtungen erforderlich. Jeder Betrieb mit einer entsprechenden Größenordnung gab einen Teil seiner Erträge für die Finanzierung von Kinderferienlagern aus. Unser Betrieb hatte mit einem immensen Aufwand in Flecken-Zechlin ein Grundstück erworben, es mit mehreren Gebäuden und Baracken bebaut und sogar eine Wärmepumpe, die Wärme aus dem nahegelegenen See bezog, installiert. Das Lager befand sich in unmittelbarer Nähe dieses großen Sees, hatte einen eigenen Strand und war ein idealer Ort, um die Ferien zu verbringen. Fast jenseits jeglicher Zivilisation hatte die „Möplü" hier ein Refugium für Kinder und deren Betreuer geschaffen. In zwei großen Schlafbaracken wurden die Kinder untergebracht. Zum Lager gehörten noch ein großer Speisesaal mit einer angeschlossenen und äußerst modern eingerichteten Großküche, ein gemauertes Wirtschaftgebäude und ein Sanitärhaus. Geld spielte keine Rolle, in Flecken-Zechlin wurden Unsummen investiert.

Als Lehrer hatte ich genau wie die Schüler in den Sommermonaten fast zwei Monate Ferien. Die verfügbare Zeit und die Herausforderung, neben meinem Beruf etwas anderes zu machen, führten mich in die Abteilung des Betriebes, die sich mit der Organisation der Ferienlager und der betrieblichen Urlaubsaktivitäten beschäftigte. Neben den Ferienlagern hatten die Betriebe auch noch diverse Ferienobjekte für ihre Mitarbeiter zu betreuen. Auch in Flecken-Zechlin waren in den Nichtferienzeiten Mitarbeiter der Firma untergebracht, die dort ihren Urlaub verbringen konnten. Mit Kindern zu arbeiten machte mir genauso viel Spaß, wie zu unterrichten. Also bewarb ich mich um die Stelle eines Gruppenleiters für das Betriebskinderferienlager. Nach kurzer Zeit wurde ich gebeten, nach Hohenstein-Ernstthal in die entsprechende Abteilung zu kommen. Dort wurde ich gefragt, ob ich mir vorstellen könnte, auch als Lagerleiter zu fungieren. Leitungsfunktionen erhielten ja sonst eher Parteimitglieder. Das wunderte mich schon. Rückblickend glaube ich eher, dass ich wohl der Notnagel war, weil sich keiner freiwillig gemeldet hatte, in den Ferien diesen Job zu übernehmen. Ich wurde Lagerleiter des Ferienlagers in Flecken-Zechlin. Ich traute es mir zu, war zwar etwas nervös, aber es reizte mich sehr. Allerdings überraschte mich dann doch die Dimension des Lagers. Zehn Gruppenleiter, achtzig Kinder, acht technische Mitarbeiter sowie drei Gruppenleiter und dreißig Kinder aus einem Partnerbetrieb in Böhmen, drei Rettungsschwimmer und eine medizinische Betreuungsperson sowie eine Wirtschaftsleiterin und ein Hausmeister gehörten zum Personal. Allerdings hatte ich eine Information nicht erhalten. Lebendes Inventar war die Wirtschaftsleiterin. Sie war die graue Eminenz, sie hatte sozusagen die Fäden in der Hand. Wer so funktionierte, wie sie es wollte, hatte den Himmel auf Erden, wer nicht, kam in die Hölle. Die ersten Jahre in Zechlin waren für mich der Himmel. Leni K. organisierte einfach alles. Sie kaufte ein und schlug vor, wann welches Fest und welche Aktivität stattzufinden hatte. Das war schon immer so. Für einen Neuling wie mich, war es anfangs sehr bequem, später jedoch eher anstrengend und nicht immer einfach. Eingefahrene Gleise zu verlassen, etwas anders zu machen, es kostete stets Kraft und Überzeugungstalent. Langsam gewöhnten wir uns aneinander und sie lernte auch meine Entscheidungen zu respektieren. Leicht fiel ihr das nie. Ganz konnte sie niemanden neben sich akzeptieren. Ich hatte noch einen Stellvertreter zur Seite. Wenn das nicht genug sein sollte?! Da gab es die verschiedensten Typen. Einer zum Beispiel verschwand nach seiner Ankunft im Lager erst einmal in seinem Bungalow. Nachdem er seinen Alkoholspiegel wieder erreicht hatte und seine Hände nicht mehr zitterten, machte er seine Sache gut. Ein anderer war schon in eher fortgeschrittenem Alter und froh, wenn er in Ruhe gelassen wurde. Zur aktiven Mitarbeit war er nur schwer zu bewegen. In den letzten Jahren hatte ich mich an Roland B. zu gewöhnen. Wir hielten es mehrere Jahre sehr gut miteinander aus. Er hat später Sachsen in Richtung Baden-Württemberg verlassen. Im Laufe der Jahre hätte ich manche Charakter-Studie machen können. Es war interessant und abwechslungsreich.

Ferienlager sollten auch für politische Zwecke genutzt werden. Erziehung und Beeinflussung durften nicht unterbrochen werden. Da hatten die Parteioberen gerade mit mir den Richtigen ausgewählt. Ich und andere im Sinne der Machthaber politisch beeinflussen? Das konnte etwas werden. So sollte ich zum Beispiel sogenannte Solidaritätsbasare durchführen. Kinder hatten den Auftrag, selbst gebastelte Dinge zu verkaufen und den Ertrag zu spenden. Für wen das Geld sein sollte, wusste keiner. Dieser Forderung entzog ich mich mit dem Mut zur Lücke. Generell war und bin ich nicht gegen Solidarität. Gemeinschaft lebt von gegenseitiger Hilfe in Notsituationen, keine Frage! Aber wenn die Kommunisten unter dem Deckmantel der Solidarität andere gleichgeartete Systeme mit unserem Geld künstlich an der Macht hielten und nicht Hunger und Elend bekämpften, dann verkrampfte sich mein Magen.

Die Kinder sollten unbeschwerte Ferien verbringen und nicht in dieser Zeit das machen müssen, was sowieso schon während der Schulzeit täglich von ihnen verlangt wurde. Als die Betriebsleitung von mir am Ende des Lagers die Ergebnisse sehen wollte, stellte ich mich dumm und sagte: „Ach, daran hatte ich wirklich nicht gedacht." Meine gespielte Naivität entwaffnete selbst hartgesottene Parteifunktionäre. Es wurde mir nachgesehen, da ich das Lager erstmalig führte und keine negativen Vorkommnisse zu verzeichnen waren. Im Gegenteil, Kinder und Personal waren sehr zufrieden. So ließ man mich in Ruhe. Auch während der nächsten neun Jahre. Keiner fragte mich mehr nach derartigen Dingen. Ich durfte weiterhin in den Wochen des Sommers nach Flecken-Zechlin fahren.

Zechlin war mein Sommerland. Seelenwäsche, Alltagswechsel, Tapetenwechsel, Realitätentausch, was immer mir in diesem Zusammenhang in den Kopf strömt, es trifft immer meine Gefühle für dieses schöne Stück Erde. Eine der schönsten Erfahrungen meines Lebens. In zufriedene, aufgeschlossene, lustige und die Welt abtastende Kinderaugen zu schauen, ihnen ein Lachen zu schenken, sie zur Neugier zu ermuntern, was kann es Schöneres geben! Die Kinder gaben mir die Kraft für das zwischen den Sommern liegende Jahr. Sie forderten mich auf, weiter zu machen und mich nicht von Zwängen zerreiben zu lassen. So unterließ ich auch das Ritual des täglichen Lagerappells. Warum Kinder täglich stramm stehen sollten und bei dieser Zusammenkunft gebrieft werden mussten, erschloss sich mir nicht. Deshalb ließ ich den Appell kurzerhand weg, außer beim Eröffnungs- und Abschlusszeremoniell. Hier stellte ich alle wichtigen Leute und das Programm vor und am Ende bedankte ich mich bei allen, die sich um die Ferien verdient gemacht hatten. Das hatte Sinn, fand nicht zu oft statt und war akzeptabel für Kinder und Personal. Politische Inhalte ließ ich weg. Außerdem fasste ich mich kurz, was die Akzeptanz weiter erhöhte. Eine Forderung allerdings setzte ich mit aller Strenge durch. Die Ära der Mobiltelefone war noch nicht angebrochen und das Lager verfügte auch selbst nur über einen Telefonanschluss, den die Wirtschaftsleitung unter Beschlag genommen hatte. So forderte ich jedes Kind am ersten Tag auf, die Eltern mit einer Postkarte darüber zu informieren, dass sie gut angekommen waren. Da war ich streng und kontrollierte die Einhaltung meiner Order akribisch. Ungewissheit ist für Eltern ein schlimmer Zustand, ich half ihm damit ab. Trotzdem mussten die Eltern noch eine Wartezeit von etwa drei Tagen einkalkulieren, denn die Post wurde langsam transportiert. Mit dieser Auflage endete aber auch schon fast meine „Gewaltherrschaft". Weiterer Druck war nicht wichtig.

Anfangs betreute ich nur eine Belegung, die zwei Wochen dauerte. Später entschloss ich mich, zwei Durchgänge im Lager zu bleiben. Die Kinder forderten uns immer wieder zu neuen Aktionen auf. Ausfahrten mit der „Weißen Flotte" zum Schloss Rheinsberg, mit dem Bus nach Potsdam oder Berlin, Reiten, Backen von Knüppelkuchen am Lagerfeuer nach der Nachtwanderung, Wahl der Miss oder des Mister Flecken-Zechlin, Neptunfest, Kinderfest, Berg- und Abschlussfest — ein Fest jagte das nächste. Langeweile konnte nicht aufkommen. Die Zeit verging wie im Fluge. Neben den Festen für die Kinder, haben sich auch die Betreuer kleine Höhepunkte organisiert. So wurden kurzerhand Hochzeiten in Szene gesetzt, das Spiel „Herzblatt" zelebriert und mitten im August feierten wir auch schon mal Weihnachten mit einem Tannenbaum, Weihnachtsliedern und einem Weihnachtsmann. Im Keller gab es einen traumhaften Partyraum. Erst mussten alle die Dienstberatung erdulden, dann war Spaß angesagt.

Der Zeitungsartikel

Für mich selbst hatte ich während meines Aufenthaltes im Ferienlager Flecken-Zechlin kaum Zeit. Es reichte gerade, um die Tageszeitung kurz zu überfliegen. Das Angebot an Tageszeitungen war sehr beschränkt. Zeitungen in der DDR unterschieden sich meist in ihrer Größe, weniger in ihren Inhalten. Presse aus dem Ausland war nur sehr begrenzt erhältlich, aus dem westlichen Ausland so gut wie gar nicht. Die Presse des Westens wurde von uns sorgsam ferngehalten, enthielt sie doch für Kommunisten schmerzliche Wahrheiten. Eine „Gefahr", die bekämpft wurde. Die „Junge Welt" war die Zeitung der FDJ, in der sinngemäß das Gleiche wie im „Neuen Deutschland" (SED-Zentralorgan) stand, lediglich etwas gekürzt und auf den Sprachgebrauch der Jugend zugeschnitten. Die Schlagzeilen waren die gleichen! Eigentlich hätte ich mir die Lektüre sparen können. Nachrichten waren kein wirklicher Realitätsspiegel. Die Zensur entschied, was der Bürger der DDR wissen durfte und was nicht. Informationen wurden gestückelt oder weggelassen. Was immer auch wahr sein sollte, es wurde zurechtgebogen, in „rote Formen" gegossen und in ideologisch unverfänglichem Stil wiedergegeben.

Es war im Juli 1989. Die allgemeine Versorgungslage in unserem Land war sehr schlecht. Zu diesem Thema ließ sich ein Autor in der „Jungen Welt" aus. Es war geradezu himmelschreiend, was sich der Schreiberling einfallen ließ. Unter dem Titel „... und wenn die Taschen voll sind, geht es ab in den goldenen Westen" schrieb ein nicht genannter Autor über das Kaufverhalten westlicher Militärs. Sie durften aufgrund des besonderen Alliiertenkontrollrechts über Berlin und des damit verbundenen Sonderstatus' der Stadt ungehindert auch in Richtung Ostberlin fahren. Sie tauschten Geld zu „Schwindelkursen" und kauften offensichtlich Teppiche, Porzellan, Lampen, Spielzeug, Bettwäsche, Kameras, Ferngläser, Decken, Kinderkleidung und Lebensmittel auf und waren der Grund für die schlechte Versorgung in der DDR. Sehr glaubwürdig! Das Angebot an Teppichen in der Hauptstadt Berlin reichte nicht aus, die Wünsche der Kunden konnten nicht befriedigt werden. Schuld daran hatte aber keineswegs die Planwirtschaft, der Mangel an Devisen, um notwendige Rohstoffe auf dem Weltmarkt einzukaufen, oder der nicht im Mindesten kostendeckende Export. Nein, Schuld waren die „bösen" Westalliierten. An der Nachricht stimmte lediglich, dass sich die Angehörigen der Alliierten Streitkräfte ungehindert in ganz Berlin bewegen durften, auch wenn das den Russen stets ein Dorn im Auge war. Vertrag war aber Vertrag. Zähneknirschend nahmen die östlichen Machthaber dies hin. Sie hatten die Militärs des Westens in den Osten zu lassen und durften lediglich eine Identitätskontrolle durchführen. Was sich in den Autos befand, musste ihnen verborgen bleiben, denn Autos gehörten de facto zum Staatsterritorium des Staates, dessen Kennzeichen das Fahrzeug trug. Der Artikel brachte mich auf die Idee. Wenn es angeblich Teppiche unkontrolliert in den Westen schafften, warum sollte es nicht auch einem Menschen oder besser noch zwei Menschen gelingen, diesen Weg zu nehmen. Ein Gedanke, eine Idee, eine irre, weil lebensgefährliche Vision, formte sich in meinem Kopf. Etwas Unfassbares, vielleicht nur ein Hirngespinst. Immer wieder versuchte ich den Gedanken zu verdrängen. Immer wieder kehrte er zurück. Immer wieder stieß er stärker in meine Gedankenwelt. Wie aus Fasern ein Garn, aus einem Garn ein Zwirn und später aus einem Zwirn ein Gewebe entsteht, so begannen sich meine Gedanken zunehmend zu vernetzen, um kurz darauf wieder als unwirklich von mir verworfen zu werden. Doch je öfter ich darüber grübelte, desto geordneter tauchten sie wieder auf. Noch nicht greifbar und zu schwach, aber stark genug, um nicht mehr verworfen zu werden, nicht mehr weggewischt und für untauglich erklärt zu werden. Wie ein Virus, der mein Gehirn infiziert hatte, verfolgte mich der Gedanke. Er setzte sich fest, ich wurde ihn nicht mehr los.

Die verschiedenen Varianten in den Westen abzuhauen, schienen mir auf einmal wie Lufttücher. Jetzt wollte ich den Weg in die Freiheit gehen. Ich musste versuchen, in Berlin zu fliehen. Günstig war die Zeit und der Moment. Allein zu fliehen stand nicht zur Debatte, nur mit Peggy und nie ohne sie. Ingrid war gerade in Österreich, also hätte ich ihr den ganzen Stress ersparen können, sie nicht mit dem Wagnis in Gefahr bringen müssen. Wenn nicht jetzt, wann dann? Das Kinderferienlager dauerte noch ein paar Tage. Ich musste einen Tag länger als die Kinder bleiben. Alles verlief reibungslos, die Rücklichter der Busse mit den vielen Kindern an Bord ließen mich jedes Mal tief durchatmen. Alle Kinder wohlbehalten wieder auf die Reise zu ihren Eltern zu schicken, war mir sehr wichtig. Angst hatte ich immer vor dem Baden im See. Strenge Regeln gab es, jedoch lehrte uns das Leben, dass trotz aller Regeln immer etwas passieren konnte. Vor dieser Situation wurde ich bewahrt.

In diesem Sommer hatte ich unsere Tochter Peggy das erste Mal mit nach Zechlin genommen. Mit ihren sieben Jahren hatte sie zwar noch nicht das Mindestalter von acht Jahren erreicht. Sie schien mir aber geeignet in der Gruppe der Kleinen, deren Durchschnittsalter acht Jahre betrug, untergebracht zu werden. Alles funktionierte reibungslos und nachts durfte sie bei mir schlafen.

Nachdem ich alles eingepackt hatte und auch Peggy reisebereit war, fuhren wir zurück nach Karl-Marx-Stadt. Unser froschgrüner Wartburg brachte uns sicher in unsere Heimat. Viel Zeit, um unsere Flucht zu planen, blieb nicht. Jede Handlung ordnete sich diesem Gedanken unter. In ein paar Tagen war es zu spät. Ingrid wäre wieder zu Hause gewesen. Der irrste Plan meines Lebens begann Gestalt anzunehmen. Der Plan unserer Flucht aus der DDR nach Westberlin.

Die Tage vor Berlin

Wie sollte ich etwas vorbereiten, worüber ich mit niemandem reden konnte, ja reden durfte? Keinen konnte ich fragen, keinen um einen Rat bitten. Alles musste im Verborgenen ablaufen und das so unauffällig wie möglich. Kein Indiz durfte nur im Geringsten Anlass für einen Verdacht geben, der auf meine Flucht schließen ließ. Sich jemandem anvertrauen konnte bedeuten, eventuell an den Falschen zu geraten. Gerade er oder sie konnte ein IM sein, ein inoffizieller Mitarbeiter der Staatssicherheit. Man sah sie nicht und doch waren sie überall präsent. Oft hatte ich davon gehört, dass sogar innerhalb von Familien Besprochenes weitergetragen wurde und dass es die eigenen Familienmitglieder waren, die Berichte für die Staatssicherheit schrieben. Niemandem war auf die Stirn geschrieben, dass er für diesen „Verein" arbeitete. Also konnte man auch niemandem trauen. Ich traute nur mir selbst. Es war gut, dass ich mit Peggy allein war und dass Ferien waren. Es war ein Sommer, wie man ihn sich schöner nicht vorstellen konnte. Im August des Jahres 1989 war die Natur traumhaft vollkommen, alles blühte und war von sattem Grün. Der helle Tag schien lachend in alle Zimmer. Die Vögel sangen laut. Diese Stimmung wollte so gar nicht zu dem passen, was sich in meinem Kopf abspielte. Das Wetter und die Vögel schienen mich hier halten zu wollen. Es kam mir vor, als strahle die Sonne schöner als sonst. Als wolle sie den Alltag mit seinen Unebenheiten glätten, als wolle sie mir sagen: „Überlege es dir noch einmal. Ich scheine doch überall so, wie ich hier scheine." Sie konnte mich nicht umstimmen — auch wenn sie sich die größte Mühe gab.

Die Ausreise aus der DDR in den Westen war seit ein paar Jahren möglich gewesen. Allerdings konnten DDR-Bürger nur zu bestimmten Anlässen eine Ausreisegenehmigung erhalten. Auch ich war 1987 bereits im Westen bei einer Freundin meiner Mutter zu Besuch. Sie stammte aus Reichenbach. Später siedelte sie nach Bad Bramstedt, nahe der Stadt Bad Segeberg, über. Als sie noch in Reichenbach lebte, besuchte ich sie ab und zu und spielte mit ihrem Sohn, wir waren im gleichen Alter. Nachdem sie die DDR verlassen hatte, befand sie sich mit ihrem Mann bereits im Ruhestand. Ihr Sohn Matthias war arbeitsunfähig, weil er eine starke Behinderung hatte. Der Kontakt blieb erhalten. Meine Mutter schrieb regelmäßig Briefe und besuchte sie zuweilen, als sie das Rentenalter erreicht hatte. Um die Ausreisegenehmigung zu erhalten, wurde aus der Bekannten kurzerhand meine Tante und es gelang, die Behörden zu überlisten. Da ich als Kind den Namen meiner leiblichen Mutter trug und erst später den Namen meiner Pflegeeltern annahm, war die Verwandtschaftsklärung für die Behörden in Karl-Marx-Stadt wohl doch zu aufwändig und so erhielt ich die ersehnte Genehmigung. Zehn Tage war ich im anderen Teil Deutschlands unterwegs und sehr beeindruckt von dem, was ich dort sah und erlebte. Sowohl positiv als auch negativ. Positiv beeindruckten mich die gut erhaltenen und hell gestrichenen Häuser, die breiten Autobahnen und das rasante Tempo, mit dem die Autos fuhren. Mit einer solchen Geschwindigkeit konnte auf den Autobahnen der DDR kein Mensch fahren, es sei denn er riskierte, dass sein geliebtes Auto auseinanderfiel. Die meisten Autos kamen schon allein technisch betrachtet gar nicht auf solche Tempi. Der Zustand der Straßen erlaubte obendrein eh nur ein langsames Fahren. Die Stände auf den Märkten im Westen von Deutschland waren ebenfalls ein beeindruckendes Ereignis für mich. Ja, Ereignis! Blumen in Hülle und Fülle, Obst und Gemüse in einem von mir bis dahin nicht gekannten Zustand und einige der Früchte kannte ich gar nicht. Und dann faszinierte mich noch die Freundlichkeit und Offenheit der Menschen. Ich wurde als Exot herumgereicht und wie ein seltenes zoologisches Exemplar betrachtet. „Ach was, Sie kommen aus dem Osten? Ja, Sie sind ja noch gar kein Rentner? Haben Sie da trotzdem die Ausreisegenehmigung erhalten?" Das waren nur einige Fragen, die mir häufig gestellt wurden. Besonders beeindruckte mich ein vorbeifahrendes Auto, in dem ein Fahrer saß, der während des Fahrens telefonierte. Die bunten kleinen Lämpchen an dem Telefon waren nicht zu übersehen. In der DDR war das Telefon ein Luxus. Mobile Telefone kannte ich nicht. Und auf ein Telefonat aus dem Osten in den Westen, musste man viele Stunden warten. Obwohl Mitarbeiter der DDR-Staatssicherheit, die zuhörten, doch in ausreichender Anzahl vorhanden gewesen sein dürften! Negativ beeindruckte mich die Begegnung mit einem Drogenabhängigen auf dem Kölner Hauptbahnhof. Ich besuchte die öffentliche Toilette und sah in einer Ecke einen jungen Mann zusammengekauert sitzen. Zuerst wollte ich ihm zu Hilfe eilen, weil ich annahm, er hätte ein gesundheitliches Problem. Beim Näherkommen musste ich mit größtem Entsetzen feststellen, dass der junge Mensch sich gerade eine Spritze setzte. Bisher kannte ich das nur aus Filmen. In der Realität konnte ich es nicht fassen. Das gab es also doch! Auf dieser Reise nutzte ich die Gelegenheit und besuchte auch eine Urlaubsbekannte. Renate hatte den Urlaub mit ihrer Freundin am ungarischen Plattensee verbracht und wir hatten am Strand nebeneinander gelegen. Schnell waren wir ins Gespräch gekommen und aus den Gesprächen waren dann gemeinsame Unternehmungen geworden. Auch nach dem Urlaub in Ungarn hielten wir den Kontakt aufrecht. Eigentlich waren Reiseziele, abgesehen von den beantragten Zielen, nicht erlaubt. Wenn die Grenze allerdings passiert war, interessierte sich keiner dafür, wohin ich reiste und bei wem ich wie lange wo blieb. Also besuchte ich Renate, die ebenfalls Lehrerin war. Am Morgen nach meiner Ankunft, ging sie zum Dienst in ihre Schule und ich erkundete die Stadt. Wir verabredeten uns für 13 Uhr in ihrer Wohnung. Im Kühlschrank lag eine Pizza, die wir gemeinsam essen wollten. Der Mikrowellenherd, den ich bis dato nicht kannte, stand in unmittelbarer Nähe. Ich wollte mich bei der Gastgeberin in einem guten Licht darstellen und begann kurz vor dem vereinbarten Zeitpunkt ihres Nachhausekommens die Pizza zu erwärmen. Renate kam und kam nicht. Immer wieder schaltete ich die Mikrowelle ein, um die Pizza auch schön warm zu halten. Renate war weiterhin überfällig. Wo blieb sie nur? Nach dem achten oder neunten Versuch, die Pizza in einem genussfähigen Zustand zu erhalten, klingelte das Telefon. Das Krankenhaus teilte mir mit, dass Renate eine akute Blinddarmentzündung hatte und schon operiert sei. Inzwischen hatte die Pizza die Struktur einer Ledersohle angenommen. Genießbar war sie nicht mehr. Mit Monika, einer Freundin Renates, die damals ebenfalls mit in Ungarn war, verbrachte ich die restlichen Tage. In Ansätzen dachte ich zu dieser Zeit bereits über eine Flucht nach und fragte Ingrid, als ich sie in der Apotheke anrief, ob ich im Westen bleiben solle. Natürlich reagierte Ingrid wie erwartet und bat mich inständig, zurück zu kommen. Ich fuhr also wieder nach Karl-Marx-Stadt zurück.

Seit 1987 hatte sich vieles verändert. Die Reiseerleichterungen hatten weitere Möglichkeiten eröffnet. Die Erleichterungen gab es nicht zum Nulltarif. Der erwähnte permanente Devisenmangel der DDR zwang die Machthaber dazu, alle Möglichkeiten der Beschaffung von Devisen zu nutzen. Politische Zugeständnisse für Bares. Also wurde vereinbart, Reisen zu bestimmten Anlässen zu erlauben. Die Anlässe konnten vielfältiger Art sein: ein runder Geburtstag jenseits der Fünfzig, eine Kommunion oder Konfirmation, eine Hochzeit oder ein Todesfall oder auch eine schwere Erkrankung. Jedes Ereignis musste von den westlichen Behörden bestätigt werden. Die Reisedauer wurde von den Passstellen der DDR festgelegt und betrug in der Regel zehn Tage. Allerdings durfte nicht die ganze Familie ausreisen. Bei Einzelpersonen, die einen Teil der Familie zurückließen, konnte davon ausgegangen werden, dass sie zurückkämen. Diese Taktik ging meistens auf, aber nicht immer. Manchmal blieben Besucher im Westen und verlangten von dort aus eine Familienzusammenführung. Rechtsanwalt Vogel aus Berlin war ein Anwalt der DDR, der solche Angelegenheiten regelte und auch über die notwendigen Kontakte zu beiden deutschen Seiten verfügte. Unter seiner Regie wurden unzählige Familien zusammengeführt, allerdings erst nach wochen-, monate-, ja sogar oft jahrelangen Bemühungen.

Verließ ein Bürger das Land auf diese Art und Weise, sprachen die DDR-Machthaber von Flucht und stuften diesen Tatbestand als Verbrechen ein. Für die Angehörigen und Freunde, die in der DDR geblieben waren, blieb dies nicht ohne Folgen. Die Staatssicherheit verhörte sie, um herauszubekommen, ob sie die Flucht geplant hatten. Geplante Fluchten oder nur das Wissen um eine geplante Flucht machte DDR-Bürger offiziell zu Straftätern. Die Staatssicherheit setzte Heerscharen von Mitarbeitern darauf an, aus Menschen Informationen herauszubekommen, die sich lediglich mit dem illegalen Verlassen der DDR beschäftigten. Zimperlich wurde dabei nicht vorgegangen und Sippenhaft war ein probates Mittel, um die Menschen weich zu klopfen.

Bestimmte Personengruppen durften allerdings auch ohne Vorliegen entsprechender Gründe die Grenze gen Westen passieren. Das waren zum Beispiel Künstler, die auf unverfänglichem Gebiet aktiv waren, so zum Beispiel auf dem Gebiet der klassischen Musik. Auch Wissenschaftler und Ärzte konnten unter Umständen zu internationalen Veranstaltungen ins westliche Ausland reisen. Sportler durften dieses Privileg ebenso für sich in Anspruch nehmen, wenn sie an internationalen Wettkämpfen mit Erfolgsaussichten teilnehmen sollten. Vorangegangen war eine strenge Kaderauswahl und eine ständige Beobachtung des familiären Umfeldes. Natürlich schaute auch bei dieser Personengruppe das wachsame Auge der Machthaber genau hin. Der eine oder andere Sportler blieb im Westen und kehrte nicht mit seiner Mannschaft zurück. Hatten die Medien im Westen davon Wind bekommen, so kam auch die DDR nicht umhin, über den Vorfall berichten zu müssen. In ihrer eigenen Weise wurde der Bericht so gestaltet, dass der „arme" Sportler eigentlich selbst nichts für seine Flucht in die Freiheit konnte. Nein, er war sozusagen ein Opfer der Revanchisten aus dem Westen geworden. Diese hatten ihn negativ beeinflusst und quasi zur Flucht überredet. Jeder, der das in den Medien las, sah oder hörte, glaubte das natürlich! Wir waren ja so einfältig!

Im Sommer 1989 war Ingrid in Österreich. Sie hatte den Antrag gestellt, um zu ihrer Tante nach Inzing reisen zu dürfen. Zuvor war sie in das Polizeipräsidium in Karl-Marx-Stadt bestellt worden und dort sagte man ihr, dass der Antrag von einer anderen Stelle bearbeitet werden würde und sie sich dort zu melden habe. Was hatte das zu bedeuten? Sicher nichts Gutes. Ingrid war es mulmig in der Magengegend, als sie die Stufen zu dem anderen Amtsgebäude der Polizei betrat. Was hatte die zuständige Behörde entschieden? War der Antrag abgelehnt? Den Entscheidungen der Polizeibehörde ausgeliefert, gab es nur zwei Möglichkeiten: Zustimmung oder Ablehnung. Nach einer halben Stunde Wartezeit in einem ungemütlichen Zimmer, das den letzten Anstrich scheinbar vor zwanzig Jahren gesehen hatte, wurde sie aufgerufen. Der ersehnte dunkelrote Pass lag vor den Mitarbeitern der Behörde und wurde ohne weitere Erläuterungen ausgehändigt. Ihr Herz hüpfte auf und nieder. In den Westen reisen zu dürfen war etwas

Außergewöhnliches. Freude pur machte sich in ihr breit. Zur gleichen Zeit hatten auch die Eltern von Ingrid einen Antrag gestellt, um zum Geburtstag der Tante reisen zu dürfen. Auch dieser Antrag wurde genehmigt. Hatten da die Behörden vielleicht vergessen eine Information weiterzuleiten? Sonst gab es diesen Umstand eher selten, dass gleichzeitig so viele Angehörige gemeinsam reisen durften. Diesmal gab es keine Probleme. Alle Anträge waren genehmigt worden. Dazu ist es vielleicht interessant zu wissen, dass man die DDR-Alters- und Invalidenrentner gern ausreisen ließ und außerdem hoffte, dass sie nicht in die DDR zurückkämen. So sparte man Tausende Mark an Renten und Invalidenversorgungen.

Mit Peggy war ich nun allein in Karl-Marx-Stadt. Ingrid hatte den Todesstreifen auf legalem Wege überfahren dürfen. Sie war also schon dort, wo wir auch hin wollten. Der Gefahr einer Flucht musste sie sich nicht aussetzen. Ihre zarte Natur hätte es nicht verkraftet. Ich wollte ihr diese Tortur nicht zumuten. Nicht, wenn es sich umgehen ließ. Die weiteren Vorbereitungen meiner oder besser gesagt unserer Flucht, musste ich in zwei Richtungen lenken. Zum einen musste ich die Zelte in unserem privaten Umfeld abbrechen. Freunde und Bekannte, Kollegen und Trainingspartner gehörten dazu. Keiner durfte nur im Geringsten mitbekommen, was wir vorhatten. Zum anderen musste ich Peggy auf eine Sache vorbereiten, von der ich selbst nur erahnen konnte, wie sie ablaufen würde. Deshalb war es wichtig, ihre Psyche so zu beeinflussen, dass sie mir im entscheidenden Moment der Flucht keine unnötigen Fragen stellen und sie uns nicht durch Weinen oder andere Gefühlsausbrüche gefährden würde. Wie sollte ich das anstellen? Was war richtig und was falsch? Wie sage ich einem siebenjährigen Mädchen, dass ich vorhabe, in den Westen Deutschlands zu fliehen? Inwieweit kann in diesem Alter vorausgesetzt werden, dass all das, was besprochen wurde, nicht weitererzählt, dass all die Vorbereitungen verinnerlicht werden würden. Oh, mir war mulmig bei dem Gedanken. Aber ohne diese Hürde zu überwinden, brauchte ich an die Verwirklichung des Planes gar nicht erst zu denken. Ohne Peggy war alles hinfällig. Nicht ohne sie, das stand fest! Ich beschloss in kleinen Schritten vorzugehen. Gleichzeitig wollte ich testen, wie weit ich gehen konnte. Schritt für Schritt vorzugehen, ließ in jedem Moment die Option des Abbruches zu. Ich hielt mir so den Weg offen, sagen zu können, dass alles nur ein Spiel im Kopf, alles nur mal so gesponnen war. Dennoch, vorbereiten musste ich mein Kind. Ich konnte ihr keine psychische Gewalt antun, jedenfalls nicht mehr, als es ein solcher Schritt ohnehin schon tut. So begann ich damit, darüber zu reden, dass die Mami zurzeit im Westen sei. Das wusste sie natürlich. Aber ich wollte erreichen, dass sie diesen Umstand aktiv begriff. In einem zweiten Schritt ging ich darauf ein, dass der Besuch, also das Wegbleiben der Mami, recht lange dauern könnte. Alles war noch unverfänglich und ließ keine Zweideutigkeiten zu. Kinder haben ein relativ schwach ausgeprägtes Zeitgefühl. Dies machte ich mir zu nutze. Ich fragte ab und zu, fast beiläufig, ob es nicht schön wäre, sie zu besuchen. Dies fand selbstredend die volle Zustimmung Peggys. Nachdem das nun alles in dem kleinen Kopf als Samenkorn ausgelegt war, musste ich meine Taktik der kleinen Schritte erweitern. Jedoch war es noch nicht an der Zeit, konkreter zu werden. Erst nachdem ich die Stadt verlassen hatte, wollte ich damit fortfahren, spätestens auf dem Weg nach Berlin.

In Sachsen war Hochsommer. Es war in diesem Jahr besonders heiß und die Freibäder waren überfüllt. Auch Peggy wollte das erfrischende Nass des in der Nähe befindlichen Bernsdorfer Freibades genießen. Wir fuhren dort hin. Da mein Plan, die DDR für immer zu verlassen fest stand, brauchten wir bei dieser Gelegenheit einige unserer eisernen und für uns damals sehr wertvollen Lebensmittelreserven in Konservenform auf. Wir hatten sie für besondere Anlässe im Keller gelagert. Wissen muss man dabei, dass eine Blechdose mit Ananas- oder Mandarinenscheiben bis zu 18 Mark kosten konnte und es sie nur sporadisch in den Delikatläden zu kaufen gab. In diesen Läden wurden sogenannte Delikatessen angeboten und sie hatten nur einen Zweck: Kaufkraft abzuschöpfen. Voller Genuss ließen wir uns auf der Liegewiese des Bades die diversen Köstlichkeiten munden, begleitet von dem einen oder anderen neidischen Blick unserer Nachbarn.

Auf unserem Girokonto war noch ein mittlerer Geldbetrag vorhanden. Alles abzuheben war riskant, Geld zurücklassen wollte ich aber auch nicht. Zu dieser Zeit war es üblich, gebrauchte Autos auf dem Schwarzmarkt zu kaufen und für völlig überzogene Preise gleich in bar zu bezahlen. Die Scheiben der Autos auf dem Schwarzmarkt wurden von den Verkäufern ein klein wenig geöffnet und jeder konnte sein Gebot einwerfen. Das höchste Gebot bekam meist den Zuschlag. Um keinen Verdacht aufkommen zu lassen, sagte ich der Dame am Auszahlungsschalter der Bank kurzerhand, dass wir uns ein neues Auto kaufen wollten. Ohne Zögern zahlte sie aus, was wir uns mühselig zusammengespart hatten. Ein kleiner Restbetrag sollte als Alibifunktion dienen. Darauf konnten wir verzichten. Wichtig war, keinen Verdacht zu erregen.

Jetzt war es an der Zeit, die wichtigsten Sachen einzupacken. Jeder DDR-Bürger war in gewisser Weise ein Jäger und Sammler, ich erst recht! So hatte ich im Laufe meiner kreativen Zeit mehr als hundert Stoffe gesammelt, da ich ja in meiner Freizeit für viele Freunde und die eigene Familie alles Mögliche nähen musste. Davon konnte und wollte ich nichts mitnehmen. Wichtiger waren die Papiere, die bewiesen, dass wir erfolgreich unser Studium absolviert hatten. Außerdem mussten wir unsere Nachweise über gezahlte

Beiträge für die Gewerkschaft mitnehmen. Sie waren in der DDR die Grundlage für den Bezug der Altersrente. Das System der Bundesrepublik kannte ich nicht. Aber ich wusste, dass die Zeiten der Erwerbstätigkeit in der DDR im anderen Teil Deutschlands anerkannt wurden. Also mitnehmen!

Von ihrer Tante hatte Ingrid im Laufe der Jahre so einiges an Schmuck geschenkt bekommen. Die Stücke waren klein und kompakt, die konnte ich natürlich nicht zurücklassen. Und da waren noch zwei wunderschöne Gefäße aus altem Porzellan. In Handtücher gewickelt, hoffte ich, dass sie die Reise gut überstehen würden. Außerdem wollte ich die Gefäße im Falle eines Falles demjenigen in Zahlung geben, der uns bei der Flucht helfen sollte. Über Fluchthelferorganisationen hatte ich schon viel gehört. Auch, dass sie ihre Dienste nicht umsonst anboten. Die Gefäße hätten gegebenenfalls als eine Art transnationale Währung dienen können.

Die zwei Taschen, die ich für den gefährlichen Weg vorgesehen hatte, waren schnell gefüllt. Die Gefäße, eines in jeder Tasche, nahmen mit den Umhüllungen schon den meisten Platz weg. Mit den Papieren und dem besagten Schmuck war die Kapazität der Taschen vollständig erschöpft. Mehr konnte ich nicht mitnehmen. Das Herz blutete mir, wenn ich daran dachte, was ich alles zurücklassen musste. Alles war schwer erstanden, erkämpft. An jedem Stück hing eine kleine Geschichte. Am schmerzlichsten empfand ich das Zurücklassen unserer schönen alten Möbel. Als Student hatte ich in Leipzig zwei alte Möbelstücke entdeckt. Gerade als die Stücke, ein altes englisches Büffet und die dazu passende Glasvitrine, kurz vor Geschäftsschluss in den Laden getragen wurden, führte mich mein Spaziergang an dieser Schatzkammer antiker Dinge vorbei. Flugs eilte ich den Stücken nach und vereinbarte mit dem Verkäufer, die zwei Kleinode alter Schreinerkunst am darauffolgenden Tag zu erstehen. Es klappte, ich war eine Stunde vor Ladenöffnung schon an der Tür und wartete. Zum Glück erinnerte sich der Verkäufer an sein Versprechen vom Vortag und ich erhielt die Möbel. In Karl-Marx-Stadt hatte dann ein Tischler die Kunstwerke aufgearbeitet und nun sollten sie in die Hände des Staates fallen. Aber was half es.

Die Vorbereitungen waren abgeschlossen. Das Wichtigste verstaut. Nun konnten wir die gefährlichste Reise unseres Lebens beginnen. Angst und Aufbruchstimmung schienen sich in meinem Kopf gegenseitig den Rang ablaufen zu wollen. Ständig hörte man in den Nachrichtensendungen über Menschen, die die DDR für immer verlassen hatten. Wie man heute weiß, waren es 1989 beispielsweise die sogenannten Botschaftsflüchtlinge. Unter unsäglichen Bedingungen hatten sie auf dem Gelände der Botschaft der Bundesrepublik Deutschland in Prag ausgeharrt, bis der Staat nachgab und ihre Ausreise genehmigte, nicht ohne ihnen noch einmal die Staatsmacht zu demonstrieren. Es wurde bestimmt, dass die Züge mit den Ausreisewilligen durch die DDR zu fahren hatten und nicht auf dem kürzesten Weg in den Westen Deutschlands. Ein unsinniges Aufbäumen gegen den Freiheitswillen tausender einfacher Menschen, die sich nichts sehnlicher wünschten als frei zu sein. In Dresden kam es vor dem Hauptbahnhof zu wütenden Protesten, als die streng kontrollierten und verschlossenen Züge den Bahnhof aus Prag kommend passierten.

Viele Möglichkeiten, alle lebensgefährlich, hatten Menschen gefunden, um der DDR den Rücken zu kehren. Nun wollte auch ich nicht länger hier ausharren. Der Weg in die Freiheit war der einzige Ausweg, den ich sehen konnte. Ich wollte aber eine Variante finden, mir und meiner kleinen Familie das Leben in einer anderen Welt zu ermöglichen, ohne zuvor jahrelange, wochenlange oder auch nur tagelange Qualen erdulden zu müssen.

In Berlin

Die wichtigsten Habseligkeiten waren in den selbstgenähten Reisetaschen verstaut. Unserer Fahrt nach Berlin, dem einzig möglichen Ort für unsere Flucht, stand nichts und niemand mehr im Wege. Ich warf einen letzten Blick in unsere Wohnung. Liebevoll hatten wir in mühevoller Arbeit der einfachen Zweizimmerwohnung ein anspruchsvolles Ambiente verliehen. Unsere Wohnung lag im Erdgeschoss eines um die sechziger Jahre erbauten Wohnblockes. Das winzige Bad, eine Küche sowie zwei weitere Zimmer gehörten zu unserer kleinen Welt. Möbel zu erstehen, die einigermaßen schön aussahen, war nicht einfach. Trotzdem war es uns in fast sieben Jahren gelungen, unseren Geschmack umzusetzen. Zuweilen gab es natürlich auch Rückschläge. So sah unser Schlafzimmer zeitweise wie das Schlafgemach eines Scheichs aus dem Orient aus, weil sich die Tapetenbahnen von der Decke gelöst hatten und wie Stoffbahnen in Bögen durchhingen. Schuld war der Tapetenkleister oder einfach nur mangelndes malerisches Geschick. Reichlich Arbeit, großes Organisationstalent und die Hilfe von Freunden und Bekannten steckte in unseren vier Wänden. All das mussten wir zurücklassen. Es war zwar mehr ein materieller, also ersetzbarer Schaden, weh tat es trotzdem.

Am 16. August verließen wir die Stadt. Den Schlüssel drehte ich zweimal im Schloss der Wohnungstür um. Alles musste selbstverständlich wirken. Die Nachbarn durften keinen Verdacht schöpfen. In jeder Tür waren Spione eingebaut. Jede Tür glotzte mich an. Hinter jeder Tür hätte jemand meine Aktion beobachten können. Berlin war von Karl-Marx-Stadt in etwa drei Autostunden erreichbar. Für Peggy war es kein großes Vergnügen, denn beim Autofahren wurde ihr regelmäßig schlecht. Von der lebensgefährlichen Aktion, die soeben begonnen hatte, ahnte sie nichts.

Sie freute sich darauf, endlich wieder ihre Mami zu treffen. Wir reisten ohne konkretes Ziel, ohne einen bestimmten Anlaufpunkt anzusteuern. Das wollte ich dem Zufall überlassen. Zeitig am Morgen fuhren wir los. Genügend Zeit, um noch am Vormittag in Berlin anzukommen. Sollte mein Plan aufgehen und ich jemanden finden, der bereit war, meine Tochter und mich nach Westberlin zu schleusen, brauchte ich in Ostberlin keinen Schlafplatz. Doch erstens kommt es anders und zweitens … Die Fahrt verlief ohne Störungen, das Auto und Peggy hatten tapfer durchgehalten. In Berlin angekommen, begann ich sofort mein Vorhaben umzusetzen. Natürlich hatte ich mir über das Wie schon Gedanken gemacht. Das Zentrum Ostberlins wurde komplett überwacht. Unzählige Mitarbeiter der Staatssicherheit mischten sich als zivil gekleidete Biedermänner unter das Volk. Zwischen den zahlreichen Touristen aus aller Welt, fuhren sie ihre Ohren aus und beobachteten das Treiben. Die Wölfe im Schafspelz hörten bei Gesprächen zu und ließen im Zweifelsfall Menschen festnehmen. Alles lief ganz unauffällig und leise ab. Keine Sirenen, kein großer Aufriss. Zwei, drei Leute in Zivil forderten die Personen, die sie festnahmen, auf, ihnen zu folgen. Zwei bis drei weitere Spitzel folgten in sicherem Abstand, um Fluchtsituationen zu vermeiden. Kaum ein Umherstehender bekam davon etwas mit. Zudem war das Zentrum der Stadt über und über mit Überwachungskameras bestückt. An allen großen Gebäuden sahen sie dich an wie die Augen einer Schlange, zeigten die Allmacht des Systems, verfolgten dich auf Schritt und Tritt. Sie waren nicht versteckt. Jeder konnte sie gut erkennen. Raum für offene Aktionen blieb nicht. Meine Sicherheit vor den Augen der Staatsmacht war Peggy. Ein Kind war unverdächtig, es lenkte die Spitzel ab. Peggy war meine Tarnkappe. Mit ihr an der Hand lief ich durch Berlin. Wir gingen zu den Stellen, an denen die Reisebusse der Westalliierten hielten. Natürlich waren das die touristisch attraktiven Punkte der Stadt, mitten im Zentrum gelegen. Also ebenfalls im Visier der Staatsmacht. Meist begannen hier die Rundgänge der Besucher. Angeregt durch den Artikel in der „Jungen Welt" wollte ich Menschen finden, die bereit waren, uns beide in den Westen Berlins zu schleusen. Einfach so im Kofferraum eines Autos oder eines Reisebusses. Ich wollte sie ansprechen, meine Situation kurz darlegen und sie bitten, uns als blinde Passagiere einsteigen zu lassen. Den Anfang machte ich bei einem mattgrün lackierten Reisebus, der ein amerikanisches Kennzeichen trug. Ich wartete bis alle aus dem Bus ausgestiegen waren. Die amerikanischen Soldaten und ihre Angehörigen schauten sich den Neptunbrunnen und das Rote Rathaus an. Sie waren leicht an ihren Uniformen zu erkennen. Mein Herz begann schneller zu schlagen. Jetzt nichts falsch machen, nur keinen Verdacht erregen. Ich nutzte die Situation derart, dass es so aussah, als sei ich gerade aus dem Bus ausgestiegen und wollte den Fahrer noch etwas fragen. Mit meiner Tochter an der Hand hätte ich durchaus zur Gruppe gehören können. In der Gruppe, die ausgestiegen war, waren auch in Zivil gekleidete Amerikaner. Unser Gepäck befand sich noch in unserem Auto. Mit zwei großen Reisetaschen konnte ich mich unmöglich an den Bus getrauen. Das wäre von Weitem aufgefallen. Dem Busfahrer, der am Bus stehen blieb, versuchte ich in spärlichem Schulenglisch klar zu machen, was ich von ihm wollte. Er sollte uns in den Gepäckraum unter den Sitzen klettern lassen. Die Klappen waren offen und so konnte ich gut erkennen, dass da Platz genug war. Natürlich wollten wir nicht mitten in der Stadt einsteigen. Ich schlug dem Fahrer einen anderen Platz vor.

Von einem Menschen zu verlangen, sich für zwei fremde Menschen in Lebensgefahr zu begeben, welche Unverschämtheit, ja welche Zumutung! Wie konnte ich einem anderen so etwas antun? Allein der Gedanke daran war sträflich. Dennoch, der Wille, der Drang, der ungebeugte Wunsch diesem System den Rücken zu kehren, es mit dem eigenen Weggang zu bestrafen, sich aus den Fesseln zu befreien, war stärker als die Ratio. Sie sagte mir: „Du hast kein Recht dazu." Weitere Gedanken zu entwickeln, war nicht möglich.

Der Busfahrer winkte ab und gab mir eindeutig zu verstehen, dass das für ihn zu gefährlich sei und er sich nicht auf uns einlassen werde. Etwas anderes hatte ich auch nicht erwartet. Trotzdem, einen Anfang hatte ich gemacht, aufgeben kam nicht in Frage. Der Tag war noch lang. Nach zwei weiteren vergeblichen Versuchen ähnlicher Art meldete sich unser Magen. Wir suchten ein Restaurant und ließen uns müde auf die Stühle fallen. Fast mit dem Essen fertig, klopfte mir jemand von hinten auf die Schulter. Ich erschrak. Hatte die Staatssicherheit unser Treiben beobachtet? Wir wurden von einem jungen Mann angesprochen, den ich erst nach näherem Hinschauen als einen ehemaligen Gruppenleiter aus dem Kinderferienlager wiedererkannte. Das musste schon ein paar Jahre her gewesen sein. Namen konnte ich mir nie gut merken, aber sein Gesicht war in meinen grauen Zellen gespeichert. Er setzte sich zu uns und wir tauschten Erinnerungen aus. „Weißt du noch, wie schön es in Zechlin war, wie wir immer gegeneinander Volleyball gespielt haben?" Wir lachten herzlich über unsere stückhaften Erinnerungen. Sebastian war als Gruppenleiter im Ferienlager drei oder vier Mal in meinem Durchgang dabei. Die Erinnerungen waren durchweg positiv. Jeder spürt, auch nach langer Zeit, in Bruchteilen eines Augenblicks, ob der Mensch, dem man begegnet, in die Kategorie Plus oder Minus einzuordnen ist. Ich öffnete sofort die Kiste mit den Plus-Erinnerungen. Sebastian hatte sich nach erfolgreichem Theologiestudium als Pfarrer in einer kleinen Gemeinde am Rande von Berlin niedergelassen. Unsere persönlich gute Bekanntschaft und sein Beruf als Pfarrer ließen meine Zunge lockerer werden. Da wir uns unbeobachtet fühlten, erzählte ich ihm von meinem Fluchtplan. Seine Augen zeigten große Anteilnahme, er streute Bedenken ob der möglichen Gefahren in unser Gespräch ein. Trotzdem unterstützte er mein Vorhaben. Dies bestärkte mich, ihm mehr zu erzählen. Mehr von meinen und unseren Beweggründen, mehr von der aktuellen Situation, die unsere Familie betraf, und dass Ingrid gerade im Westen war und der Zeitpunkt deshalb ideal. Kurzerhand lud er uns zu sich nach Hause ein. Für diesen Vorschlag war ich mehr als dankbar. Für heute sollte es genug sein. Die Kondition eines Kindes im Alter von sieben Jahren ist begrenzt. Meine war es ebenfalls.

Nachdem Peggy todmüde ins Bett gefallen war, setzten wir unser Gespräch aus der Gaststätte fort. Bei einem oder mehreren Gläsern Wein philosophierten wir die ganze Nacht. Im Prinzip war er meiner Meinung. Jedoch die von mir geplante Art der Umsetzung irritierte ihn aufs Äußerste. Trotzdem konnten wir auf seinen rückhaltlosen Beistand bauen. Er wünschte uns Glück und Gelingen. Gleichzeitig bot er uns an, auch weiterhin Gast in seinem Haus sein zu dürfen.

Das Haus war der Inbegriff eines Landhauses. Es gehörte der Kirche. Die Küche hatte einen Fußboden aus rotem Klinkerstein und war über und über mit alten Utensilien ausgestattet. Alte Backformen aus Kupfer und Messing hingen und standen überall. Holzverkleidungen zauberten ein gemütliches Ambiente. Der Garten war schön und sehr naturbelassen, trotzdem nicht ohne erkennbare Struktur. Fast zu schön, zu idyllisch, um wahr zu sein. Das Haus lud zum Verweilen ein, doch leider hatten wir etwas Wichtigeres zu tun. Noch einmal sollten wir hier zu Gast sein.

Der nächste Tag verlief ähnlich wie der erste. Wieder sprach ich mehrere Busfahrer an. Wieder hörte ich die gleiche Antwort. Außerdem traute ich mich Fahrer von Pkws anzusprechen. Natürlich achtete ich peinlich genau darauf, nur Fahrer anzusprechen, die offensichtlich allein unterwegs waren und die die richtigen Uniformen trugen. Die Kennzeichen der Autos, die Fahrzeugtypen und die Kleidung waren untrügliche äußere Merkmale, die ich zu berücksichtigen hatte. Keiner meiner Bitten wurde entsprochen. Immer wieder hörte ich die gleichen und durchaus nachvollziehbaren Antworten. Mit dem Ausbleiben des Erfolgs sank meine Motivation. Peggy war genauso ausgelaugt wie ich und so beschlossen wir am Nachmittag wieder in das herrliche Pfarrhaus zu fahren. Wieder folgte eine Nacht mit endlosen Gesprächen, in der wir eine gerechtere Weltordnung entwarfen. Wir wussten genau, wie alles besser zu machen sei.

Der dritte Tag brach an. Es war der 18. August 1989. Wieder frühstückten wir in der gemütlichen Küche und wieder wollten wir, besser gesagt ich, versuchen, in den Westen Berlins zu gelangen. Peggy hielt tapfer durch. Eine unvorstellbare Leistung für ein kleines Mädchen, die lieber im Wasser eines Schwimmbades gewesen wäre. Stattdessen zog sie mit mir stundenlang durch Berlin und hörte sich Dinge an, die ich mit fremden Leuten in einer für sie fremden Sprache zu bereden hatte. Dennoch, es war der letzte mögliche Tag, um mein Vorhaben in die Tat umzusetzen. Ingrid wollte beziehungsweise musste am Sonntag zurückfahren. Ihre Besuchserlaubnis lief ab. Ich wollte und musste den letzten Versuch starten.

Die Flucht

Der dritte Tag in Berlin begann wie die vorangegangenen Tage. Es sollte unser letzter sein. So oder so, wenn es heute nicht klappen würde, wollte ich keine weiteren Versuche mehr unternehmen. Es hatte dann doch nicht sein sollen. So einfach ließ sich das System nicht überwinden. Wenn es so einfach gewesen wäre, dann hätten diese Möglichkeit doch bereits Tausende vor uns genutzt. Natürlich hatte ich schon von geglückten Fluchten gehört. Oft standen professionelle Fluchthelferorganisationen hinter solchen Aktionen. Sie verlangten Unsummen. Mein Plan kam mir immer mehr ungeheuerlich und absurd vor, so dass ich fast selbst nicht mehr daran glaubte, ihn umsetzen zu können. Dennoch, ich wollte wenigstens noch einmal den Versuch wagen. Den Vorwurf, es nicht bis zuletzt versucht zu haben, wollte ich mir nicht machen müssen. Wir waren nun einmal hier, wir hatten gut geschlafen, gut gefrühstückt und die notwendige Energie getankt. Unser Wartburg parkte auf dem Mittelstreifen der Karl-Marx-Allee im Zentrum Berlins. Mit Peggy an der Hand lief ich wieder zu den bekannten Sehenswürdigkeiten, die wie Magnete die Gäste Berlins anzogen. Die fortwährende Wiederholung der Ereignisse machte mich kirre. Es lief wie an den vorangegangen Tagen ab. Gleiche Stellen, gleiche Gespräche, gleiche Antworten, gleiche Enttäuschung. Das Risiko war doch zu groß. Ein untauglicher, weil unrealistischer Plan. Jetzt glaubte ich es beinahe selbst. Menschen, die ich ansprach, hatten Angst vor dem Machtapparat der Kommunisten. Sie hatten durch ihre Vorgesetzten genaue Vorschriften erhalten, wie sie sich im Osten verhalten mussten. Bei Fluchtversuchen zu helfen, war streng verboten. Ein Franzose, den ich gegenüber des Roten Rathauses ansprach und dessen Kenntnisse der englischen Sprache wohl noch weit unter meinem Kenntnisstand zu liegen schienen, machte eine eindeutige Handbewegung um den Hals. Meinen Wunsch setzte er mit einem Todesurteil gleich. Recht hatte er, doch das half uns jetzt auch nicht weiter. Zwei weitere dunkelgrüne Busse mit Alliiertenkennzeichen steuerte ich an, aber auch diese Aktionen blieben im Ansatz stecken. Ich erntete als Exot eher Unverständnis und Kopfschütteln. Es war eine Mischung aus Angst und Mitleid, die mir entgegengebracht wurde. Das Ergebnis war immer das gleiche. Wir mussten wohl oder übel hier bleiben, uns weiter mit dem System so gut es ging arrangieren und ausharren. Trotzdem, ich wollte es immer noch nicht akzeptieren. Eine innere Stimme sagte zu mir: „Gib noch nicht auf!" Ich wollte das Unmögliche schaffen, ich wollte die Nadel im Heuhaufen, ach was sage ich, die Nadel im Ozean finden.

Peggy war hungrig und erschöpft. An einem Kiosk kauften wir uns etwas zu essen und zu trinken. In der Nähe des S-Bahnhofes Alexanderplatz setzten wir uns auf eine Bank und ruhten aus. Weitere Versuche wollte ich nicht mehr starten. Der Rückzug begann. Der Rückzug nach Karl-Marx-Stadt, wo am 20. August alles weitergehen sollte wie bisher, wie vor meinem Plan. Ingrid würde aus Österreich zurückkommen, ich wieder in meine Berufsschule gehen und Peggy die zweite Klasse beginnen. Keiner wusste von meinen Plänen. Alles wäre weitergelaufen, als wäre nichts gewesen.

Langsam trotteten wir zu unserem Auto. Peggy fiel fast um und auf dem Rücksitz schlief sie sofort fest ein. Sollte es das gewesen sein? Der Aufwand war groß, der Nutzen gleich null. Ich war frustriert und lief noch ein paar Minuten um das Auto herum, ich wollte einfach noch nicht einsteigen. Vielleicht hielt mich auch eine unsichtbare Kraft davon ab. Was half alles Zaudern, ich musste zurückfahren. Enttäuscht war ich nicht so sehr von den Ablehnungen, die ich zu hören bekam. Enttäuscht war ich davon, nichts in und an unserem Leben geändert zu haben. Enttäuscht war ich auch von dem irrsinnigen und unrealistischen Plan, den ich hatte. Im Ernst: Es konnte doch kein Mensch daran glauben, dass sich jemand findet, der solch ein Risiko auf sich nimmt. Ich allein war Schuld am Scheitern! Den Schlüssel in der Hand begab ich mich zum Auto und wollte schon einsteigen. Es war am frühen Nachmittag, am Abend sollten wir wieder zu Hause sein. Ich wollte nicht im Dunklen fahren. Wenigstens der Zeitplan sollte funktionieren. Kurz vor dem Öffnen des Autos sah ich in meinem linken Augenwinkel ein schwarzes großes Auto einparken. Beim näheren Hinschauen sah ich zu meiner Überraschung ein amerikanisches Kennzeichen an dem Wagen. Toyota Camry stand am Heck. Urplötzlich erwachte mein Fluchtinstinkt erneut und ich wusste wieder, warum ich in Berlin war. Nur noch einmal wollte ich es versuchen, noch ein letztes Mal alle Kraft einsetzen, um dem System zu entkommen, ein letztes Aufbäumen. Sollte es diesmal wieder mit einer Absage enden, waren keine weiteren Versuche sinnvoll. Angekommen an der Fahrerseite des Toyotas erkannte ich einen jungen schlanken Mann in amerikanischer Militäruniform. Sein Haar war sehr kurz geschnitten und er hatte eine kaffeebraune Hautfarbe. Offensichtlich war er sehr klein oder das Auto etwas zu groß. Jedenfalls hatte er Mühe über das Lenkrad zu schauen. Ich bedeutete ihm die Scheibe herunter zu lassen und mit mir zu sprechen. Er entsprach meiner Bitte und schaute mich fragend an. Ich nahm all meine Englischkenntnisse zusammen. In diesen Versuch musste ich alle mobilisierbare Energie legen. Es war der letzte! Wie ein Ertrinkender setzte ich alle verfügbaren Kräfte frei. Jetzt ging es darum, die Sache im Allgemeinen und die Situation im Besonderen darzustellen. Das Besondere an der Situation war die Tatsache, dass es keinen Aufschub geben konnte, dass die Chance letztmalig war. Im Allgemeinen wollten wir raus aus der DDR. Und noch etwas musste ich ihm klar machen, ich war nicht allein. Peggy konnte er ja nicht sehen, sie schlief im Auto. Alles konzentrierte ich auf diesen letzten Anlauf — alles! Innerlich war ich schon auf eine Reaktion gefasst, die haargenau der Reaktion seiner Landsleute entsprechen würde, die ich in den zurückliegenden Tagen gefragt hatte. Ablehnung wäre keine Überraschung gewesen. Zuerst wollte er sich davon überzeugen, dass ein Kind bei mir war. Er folgte mir zu unserem Auto und nahm Peggy mit einem Lächeln wahr. Dann ging er zu seinem Auto zurück, setzte sich hinter das Lenkrad und sah mich unverwandt starr an. Ich war bereit, die Ablehnung entgegen zu nehmen, sie wie einen Stein im Magen zu spüren. Doch im Moment der innerlich vorauseilenden Verarbeitung der Geschehnisse wurde ich abrupt aus meinen Gedanken gerissen. Wie eine Vollbremsung traf mich der Satz „Okay, I do it!" auf meiner Gedankenfahrt. Ich erschrak. Hatte ich richtig gehört? Und wenn ja, auch richtig verstanden? Mit dieser Reaktion hatte ich jedenfalls nicht gerechnet! Vielleicht hatte ja auch nur mein Schulenglisch versagt und der Unbekannte hatte etwas völlig anderes verstanden und sich dazu bereit erklärt? Konnte es möglich sein, dass ich die Nadel im Ozean gefunden hatte? Ein Mensch, der bereit war sein Leben für zwei fremde Menschen eines fremden Landes, die er vor zwei Minuten kennen gelernt hatte, aufs Spiel zu setzen? Es dauerte ein paar Sekunden, bis mich die Realität wieder eingeholt hatte. Die Antwort ließ keinen weiteren Zweifel zu. All das, was sich vorher in meinen Gedanken abgespielt hatte, musste nun, ohne lange zu überlegen, umgesetzt werden. Mir wurde schlecht. Ich konnte es nicht fassen und behielt trotzdem einen kühlen Kopf. Ich setzte meine letzten Kräfte frei. Natürlich konnten wir nicht im Zentrum der Stadt bleiben. Da hätten wir uns auch gleich bei der Stasi melden können. Jetzt durfte kein Fehler unsere Aktion gefährden. Ich erklärte ihm, dass ich mit dem Auto an einen stilleren Ort fahren werde, um ungestört umsteigen zu können. Lange vorher hatte ich mir eine Stelle am Treptower Park ausgesucht, die mir dafür günstig erschien. Sie war nicht sehr weit vom Zentrum entfernt, denn ich musste auch darauf achten, dass wir nicht die Grenzen Berlins überfuhren. Alliierte hatten in der Regel nur die Erlaubnis, sich innerhalb der Stadtgrenzen Berlins aufzuhalten. Wir setzten uns in Bewegung, ich fuhr voran. Immer wieder schaute ich in den Rückspiegel. Immer wieder hatte ich Angst davor, dass er an einer der nächsten Kreuzungen die Richtung ändert und uns nicht mehr folgt. Doch meine Unsicherheit war unbegründet. Das schwarze Auto folgte mir wie ein dunkler Schatten. Dennoch, die Skepsis blieb, bis wir anhielten und unsere Autos verließen. Nach kurzer Fahrt erreichten wir den Rand des Treptower Parks. Jetzt musste alles rasend schnell gehen, vor allem ohne Augenzeugen. Jeder, der uns hätte beobachten können, stellte eine Gefahr dar. Gehörte er zu den Handlangern des Systems, wäre das Resultat eindeutig ausgefallen. Ich wäre für viele Jahre im Gefängnis gelandet und unsere Peggy hätten die Kommunisten in ein staatliches Kinderheim gebracht. Der Fluchthelfer wäre unter großem Tamtam in den Medien gen Westen abgeschoben worden und diplomatische Verstimmungen zwischen Ost und West, zwischen den Alliierten und der Ostberliner Führungsclique, wären die Folge gewesen. Nicht auszudenken, wenn ... Nein, für solche Gedanken war in diesem Moment keine Zeit, kein Raum. Es war Tag und es war hell. Mir schien es heller als gewöhnlich. Die Dunkelheit der Nacht konnte uns nicht in ihren Schutz nehmen. Lediglich die Bäume spendeten Schatten. Im Park spazierten Leute. Sehr wenige zwar, aber immerhin, er war nicht menschenleer. Wir fanden schnell den Ort, an dem der Umstieg in das Fluchtauto erfolgen sollte. Ich hielt am Rand des Parks auf einem sehr ruhigen Straßenstück. Ungefähr 20 Meter hinter mir der Toyota. Der Unbekannte öffnete den Kofferraum seines Autos. Das vorhandene Platzangebot überraschte mich. Mit Sicherheit fanden Peggy, ich und unser Gepäck hier genügend Raum, um die gefährliche Reise zu überleben. Zuerst wurden unsere beiden großen Reisetaschen verstaut. Sehr schnell waren wir damit fertig. Selbst diese Aktion war schon strafbar und durfte unter keinen Umständen entdeckt werden. Nun kam der gefährlichste Teil unserer Flucht. Unbemerkt mussten wir in den Kofferraum klettern. Wir hatten unseren Wartburg verlassen, verschlossen ihn und gingen zum offenen Fluchtauto. Ein letzter, sehnsüchtiger Blick zum Abschied galt unserem Auto. Es war schwierig dieses Modell zu bekommen und außerdem brauchten wir sehr lange, um uns solch ein Auto zusammen zu sparen. Gegen zwei Trabbis hatten wir es auf dem Schwarzmarkt getauscht und jetzt sollten wir es hier einfach stehen lassen. Es half nichts! Zuerst musste Peggy in den dunklen Kofferraum steigen. Fast übermütig und voll kindlicher Neugier kletterte sie schnell in den mittlerweile durch die Taschen enger gewordenen Raum. Sie konnte keine Gefahr sehen, für sie war es Abenteuer und mehr Spiel als bitterer Ernst. Sie stellte keine unnötigen Fragen, weil sie wusste, was wir vorhatten. Es war ein Versteckspiel. Peggy wollte ihre Mami sehen und versteckte sich dafür bereitwillig. Plötzlich tauchten in der Nähe zwei Fußgänger auf. Schnell schlossen wir die Kofferraumklappe. Ich redete auf Peggy ein, ruhig zu bleiben, gleich würde sich der Deckel wieder öffnen. Sie blieb ruhig, sie war der Situation mehr als gewachsen. Sie war mein Glücksfall, nicht nur an diesem Tag. Die Spaziergänger waren inzwischen wieder außer Reichweite. Wir öffneten den Deckel und fanden Peggy in bester Stimmung vor. Nun musste ich als viertes „Gepäckstück" in den Kofferraum klettern. Es wurde verdammt eng. Aber wir lagen auf der Seite und schmiegten uns eng aneinander. Der Platz reichte aus, um eine gewisse Zeit zu überstehen. Als sich der Deckel über uns schloss, hatte die Situation etwas Endgültiges. Worauf hatte ich mich eingelassen? Wir waren ab diesem Moment einem Fremden völlig ausgeliefert. Unser Einfluss bestand aus Warten, Angst und Hoffen. Die Dunkelheit drückte auf uns. Die Hilflosigkeit lastete auf uns. Jetzt kamen Minuten, die so unvorhersehbar waren wie ein Blindflug.

Ich hatte mir vorgenommen, den Weg bis zum Grenzübergang Checkpoint Charlie in Gedanken mit zu verfolgen. Nach der dritten Kurve verlor ich jegliche Orientierung. Die Orientierung der räumlichen Lage sowie die Orientierung der Zeit. Die Sekunden vergingen wie Minuten und die Minuten erschienen endlos. Es war heiß, eng und wir wussten nicht, wo wir uns befanden. Ich hielt Peggy fest umschlungen. Nur noch eines war wichtig, die Fahrt gut zu überstehen und keine unnötigen Geräusche zu machen. Solange wir fuhren, waren die Geräusche kein Problem. Doch wir näherten uns unaufhaltsam der Grenze. Die Nerven im Zaum zu halten und dem Kreislauf nicht zum Opfer zu fallen, das waren jetzt die Herausforderungen, die es zu bewältigen galt. Ich hatte Angst!

Die DDR ließ keine Gelegenheit aus, über missglückte Fluchten zu berichten und Schlepperbanden die Schuld in die Schuhe zu schieben, die DDR-Bürger angeblich entführt hatten. In unserem Fall hätte sich auch eine gute Story erfinden lassen: „Böser Vater wollte seine Tochter entführen". Die Gedanken spielten in meinem Kopf Roulette. Wann erreichten wir endlich die Grenze? Ich wurde ungeduldig, ich schwitzte, wir schwitzten. Das schwarze Auto sog die Strahlen der Sonne förmlich auf und verwandelte sie in Wärme. In dieser fast unerträglichen Hitze lagen wir eng gedrängt beieinander. In Kurven wurden wir immer wieder hin- und herbewegt. So viele Kurven konnte Berlin doch gar nicht haben. Die kurzen Stopps verstärkten meine Unsicherheit. Waren wir in eine Polizeikontrolle geraten?

Doch nein, wir fuhren weiter. Waren wir an einer Ampel stehen geblieben? Es konnte sein. Wir kamen der Grenze immer näher. Wo die Grenze war und wann wir sie endlich erreichen sollten, ließ sich nur schwer abschätzen. Die Ungewissheit lähmte mich. Ich spürte wie es war, völlig ausgeliefert zu sein, ohne jegliche Selbstbestimmung. Was vorher mein Wunsch war, war jetzt mein Schicksal. Überleben und gesund aus dem Auto aussteigen zu können, war das Wichtigste in diesem Moment. Peggy nahm die Fahrt wesentlich gelassener als ich. Sie fächelte mir Luft zu, weil es so heiß war. Sie blieb innerlich cool, auch wenn ihr kleines Kleidchen vom Schweiß durchnässt war. Aus dem „Unsicherheitsfaktor Kind" war eine Versicherung geworden. Ich war sehr stolz auf sie, sehr überrascht und dankbar. Plötzlich hielt das Auto an. Die Musik des Autoradios, die uns während der Fahrt wie ein sanfter Lufthauch begleitete, verstummte. Wir vernahmen Stimmen. Den Wortlaut konnten wir nicht verstehen. Der gefährlichste Moment unserer ungewissen Fahrt war gekommen. Wir waren am Todesstreifen, an der Berliner Mauer, an der Naht- und Trennlinie zwischen zwei Welten, zwei Systemen, wie sie unterschiedlicher nicht sein konnten. Einen Steinwurf von der Freiheit und einen Schritt vom Gefängnis entfernt. Was hatte der Grenzsoldat dem Autofahrer gesagt? Die Angst schnürte mich ein, wie eine Würgeschlange ihr Opfer, denn das Auto fuhr auf einmal nicht mehr vorwärts, sondern rückwärts. Jetzt war alles aus und vorbei. Waren wir vielleicht durch eine Infrarotkamera entdeckt worden? Wir waren aufgeflogen und unser Auto musste sicher wegen der bevorstehenden Kontrolle zurückfahren. Was sonst sollte der Grund sein, die Fahrt in den Westen in entgegengesetzte Richtung fortzusetzen? Wie ein Fels stürzte das Gefühl der Ohnmacht und Wut auf mich ein. Welche Konsequenzen drohten, all das war mir klar, doch ich lebte von der Hoffnung, dass es doch nicht so schlimm kommen würde. Meine Gedanken wurden jäh unterbrochen, das Auto setzte sich abermals in Bewegung, dieses Mal wieder in die richtige Richtung. Wir fuhren vorwärts. Die Musik begann die Spannung abzubauen. Wir wurden nicht kontrolliert und das Auto nicht geöffnet. Oder war es vielleicht nur die erste Kontrolle und es folgten weitere? Aus dem Osten konnte das gesamte Grenzsystem nicht eingesehen werden. Die Grenzanlagen waren Bollwerke und die Sicherungssysteme wurden über die Jahre immer weiter entwickelt, so dass keiner wusste, wie sie genau strukturiert waren und wie sie funktionierten. Jedenfalls fuhren wir weiter. Aber warum fuhr das Auto zeitweise rückwärts? Erst später sollte ich den Grund erfahren. Durch einen winzigen Spalt in der Heckabdeckung des Autos, konnten wir vom Kofferraum aus senkrecht nach oben durch die Heckscheibe in den Himmel schauen. Außer dem Blau des Himmels war nichts zu sehen. Es huschten Peitschenlampen vorbei. Die Straßenlampen in der DDR sahen allerorten gleich aus. Die, die in diesem Moment vor unseren Augen vorbeiflogen, sahen anders aus. Ja, ich war mir fast sicher, wir hatten es geschafft. Doch ich wollte erst noch abwarten, bis wir aussteigen und wieder festen Boden unter uns spüren konnten. Angst und Schweiß begleiteten uns. Die Enge des Raumes drückte uns auf den Filzboden. Ich spürte das kleine Herz Peggys kräftig schlagen. Sie war trotz der übergroßen Belastung ruhig und ich war froh, sie bei mir zu haben und sie festhalten zu können. Sie war mein Schutzengel und ich der ihre.

Angekommen

Nach einer für uns unendlich scheinenden Zeit hielt das Auto. Das Ende der Flucht schien mit Händen greifbar. Die Hitze war im Kofferraum fast unerträglich geworden, die Luft knapp. Unsere Körper waren krummgezogen, die Haut nass, die Nerven angespannt. Was würde uns erwarten? Wo waren wir? Was hatte der Fluchthelfer erreicht? Wohin hatte er uns gefahren? Ein Türgeräusch signalisierte uns, dass der Fahrer ausgestiegen war. Einen Augenblick später wurde der Kofferraum von außen geöffnet. Die lange Fahrt hatte uns sehr zugesetzt. Die frische Luft sogen wir tief und intensiv ein. So, als wäre sie eine andere als die, die wir bisher geatmet hatten. Mir war es leicht. Ich fühlte Unbeschwertheit, Freiheit. Froh, die Flucht hinter uns zu haben, noch zu leben, nicht im Gefängnis zu sitzen oder einem Stasioffizier in die Hände gefallen zu sein, stiegen wir aus dem Auto aus, das unser Leben nachhaltig verändert hatte. Es hatte uns mitgenommen. Mitgenommen über eine Grenze, die so undurchdringlich schien, dass viele Menschen an ihr zerbrachen. Uns hatte diese Mauer nicht zurückhalten können.

Angekommen. Angekommen in Deutschland und doch angekommen in einer anderen Welt. Ungläubig und unsicher tasteten wir uns voran in die neue Welt. Ich schaute mich um. Ich wollte alles in mich saugen, alles aufnehmen, den Augenblick fixieren, den Moment festhalten. Das erste, was der Fahrer, der Eric hieß, zu uns sagte war: „Wir sind angekommen!" Drei erlösende Worte, die sehr viel bedeuteten. Eine Welt hatten wir hinter uns gelassen. Die Gefühle waren eine Mischung aus Freude und Trauer. Was wir verlassen hatten war uns vertraut, geliebt und doch verhasst. Was uns erwartete? Eine Black Box, die in den schönsten Farben strahlte, deren Inhalt sich langsam auftat, in den wir langsam eintauchen durften, eintauchen wollten, ja, eintauchen mussten. Die Gedanken fuhren Achterbahn. Für lange Überlegungen blieb uns keine Zeit. Kurz nahmen wir unsere Umwelt wahr. Gepflegte helle Häuser, glatte Straßen, farbenfrohe Autos und gut gekleidete Menschen. Im Hof eines Hochhauses parkte unser Auto, der Toyota Camry. Das Haus wurde von amerikanischen Armeeangehörigen und deren Familienmitgliedern bewohnt. Eric brachte uns zu Freunden. Die Freunde waren gerade nicht zu Hause. Trotzdem führte uns Eric in die Wohnung. Die Wohnung war klein. Das Wichtigste, wir konnten trinken und uns duschen. Für mich war das Duschen und Wechseln der nassen Kleidung kein Problem. Allerdings hatte ich keine Wechselkleidung für meine Tochter eingepackt. In der Hektik hatte ich das völlig vergessen und an alles andere gedacht, nur nicht daran. Also ging Eric auf die Suche nach passenden Kindersachen. Im Haus wohnten viele Familien mit Kindern. Schnell wurde er fündig und kehrte mit einem wunderschönen, mit pastellfarbenen Blüten bedruckten, leichten Baumwollkleid zurück. Auch entsprechende Unterwäsche hatte er flugs organisiert. Die erste Hürde in der neuen Welt war genommen. Nach einer kleinen Mahlzeit legte sich langsam die Anspannung. Langsam realisierte ich zunehmend mehr um uns herum. Langsam wurde ich wieder klarer im Kopf. Eric erklärte uns, dass es wichtig sei, dass wir uns eines ordnungsgemäßen Aufnahmeverfahrens unterziehen. In Marienfelde war das große Aufnahmelager von Berlin. Wer aus dem Ausland kam, wurde dort empfangen, kostenlos untergebracht und verpflegt und durch ein Aufnahmeverfahren staatsbürgerlich legalisiert. Die geringsten Hürden hatten Bürger aus der DDR zu überwinden. Sie galten von vornherein als Deutsche und Bundesbürger. An dem Aufnahmeverfahren führte aber auch für sie kein Weg vorbei. Auf dem Weg ins Lager musste ich noch das Wichtigste regeln. Ich musste Ingrid erreichen.

Die Nachricht

Ingrid, die sich gerade mit ihrer Mutter in Berchtesgaden befand, wäre im Normalfall am 19. August 1989 wieder nach Karl-Marx-Stadt gefahren. Ihre Reise war an diesem Tag zu Ende, die genehmigten vierzehn Tage vorbei. Sie wusste nichts von unserer geplanten und letztendlich gelungenen Flucht. Sie wusste nicht, wo wir waren. Sie wusste nicht, dass wir uns in Westberlin aufhielten. Nichts wäre fataler gewesen als der Umstand, dass sie aufgrund mangelnder Information wieder nach Hause gefahren wäre. Nicht ahnend, dass ihre Tochter und ich bereits nicht mehr dem Volk der DDR angehören sollten. Diese Situation war nicht einfach zu lösen, denn Ingrid war nicht dort, wo sie laut Genehmigung hätte sein sollen. Eigentlich hatte sie nur ein Visum zum Besuch ihrer Tante in Inzing in Österreich erhalten beziehungsweise erkämpft.

Mit ihrem angeheirateten Cousin wollte die Tante dort in malerischer Landschaft den wohlverdienten Ruhestand genießen. Als Bankangestellte hatte sie in Frankfurt am Main gearbeitet. Der Großstadt überdrüssig, war sie in die Berge gezogen. Ingrid war überglücklich, sie dort besuchen zu dürfen. Das erste Mal in den Westen reisen! Welch schönes Ereignis.

Die bewilligte Ausreisedauer für DDR-Bürger war, wie erwähnt, in der Regel auf zehn Tage begrenzt. Nur in Ausnahmefällen wurden bis zu vierzehn Besuchstage zugebilligt. Ausschließlich zu diesem Zweck erhielt man die Möglichkeit, bei der Staatsbank der DDR Geld zu tauschen. Für zehn Tage konnte die stolze Summe von 15 Mark der DDR im Verhältnis 1:1 in D-Mark getauscht werden. Pro Besuchstag stand somit die unheimlich große Summe von 1,50 DM zur Verfügung. Dass sich damit keiner verpflegen konnte, geschweige denn Mitbringsel für die Daheimgebliebenen kaufen konnte, muss nicht näher erläutert werden. Jeder Besucher war auf die Solidarität seiner Gastgeber angewiesen, Bettlergefühle inbegriffen. Wie schizophren das kommunistische System war, wird an der Tatsache deutlich, dass im Gegenzug ein Besucher aus dem Westen pro Tag 25 DM im gleichen Verhältnis tauschen musste (der sogenannte Zwangsumtausch). Hier wurde kurzerhand argumentiert, dass der Gast genügend Geld brauche, um sich verpflegen und den Aufenthalt finanzieren zu können. Aha! Wie durchsichtig war diese Begründung. Für wie dumm hielt man uns eigentlich? Der ewige Devisenmangel war die Ursache dieser Praxis. Mit Menschlichkeit und Logik hatte sie nichts gemein. Trotzdem nahm jeder, der eine Ausreise erstritten hatte, diese Tatsache billigend in Kauf. Es blieb ihm nichts anderes übrig, die Freude überwog und überdeckte die Missstände. Die Ausreisegenehmigung war etwas, wovon die meisten Menschen nur träumen konnten. Wer keine Verwandten im Westen hatte, war angeschmiert. Diese Menschen konnten einen derartigen Antrag nicht stellen. Das schreiende Unrecht wurde in Kauf genommen und die Klappe gehalten.

Ingrid war glücklich, nach Österreich gelassen worden zu sein. Nach neun Tagen hatte sie sich von ihrer Tante verabschiedet, um sich mit ihrer Mutter in Berchtesgaden zu treffen. Doch wie war Ingrids Mutter nach Berchtesgaden gekommen? Sie wohnte auch in Karl-Marx-Stadt und hatte die Ausreisegenehmigung erhalten, weil sie Invalidenrentnerin war. Invalidenrentner und Altersrentner ließ die DDR ohne Probleme ausreisen. Man war der Hoffnung, dass diese Menschen nicht in den „schönen" Arbeiter- und Bauernstaat zurückkehren würden. So konnten Zahlungen für die eingespart werden, die dem Staat auf der Tasche lagen und die nichts einbrachten. Wer etwas einbrachte, war willkommen. Wer den Karren nach dem Zweiten Weltkrieg aus dem Dreck gezogen hatte und nun auf die Solidarität der leistenden Generation angewiesen war,

konnte das Land ungehindert verlassen. Eine Ungerechtig-
keit, die mit keiner Ideologie begründbar war. Hier zählte
nur der schnöde Mammon. Wer arbeitete, wurde sozusagen zur Zwangsarbeit in einem der größten Gefängnisse
der Welt verurteilt. Wer nichts leisten konnte und Kosten
verursachte, wurde freigelassen, wurde entlassen! Eine
kleine Erbschaft machte es Ingrids Mutter möglich, sich
einen Wunsch zu erfüllen und einmal den Königssee zu
sehen. Mit ihrer Tochter traf sie sich in einer kleinen Pension. Hilde Pfaffinger war die Wirtsdame. Die Frauen bezogen ein sehr preiswertes und ebenso einfaches Quartier.
Mit wenig Geld erkundeten sie den Königssee, wanderten
in der herrlichen Landschaft und aßen die mitgenomme-
nen Brote. Dorthin musste meine Nachricht! Ich musste
Ingrid erreichen, koste es, was es wolle. Eine Trennung
musste ich verhindern. Verhindern, dass unsere Flucht in
einem Desaster endet. Die Zeit drängte! Es wurde eng. Es
ging um Stunden, wenn nicht sogar um Minuten. Den genauen Rückreiseplan Ingrids kannte ich nicht. Ich wusste
nur, wann sie wieder in Karl-Marx-Stadt ankommen sollte.
Hatten die beiden Frauen ihren Plan inzwischen geändert
und waren sie noch an eine andere Stelle gefahren? Wer
konnte das wissen? Ich kannte lediglich den Namen der
Pension. Um jeden Preis der Welt, ich musste sie erreichen!
Auf unserer Fahrt in das Aufnahmelager Berlin-Marien-
felde fanden wir eine Telefonzelle. Wie Handtücher auf
einer Leine hingen da viele große Telefonbücher. Alle Bun-
desländer waren vertreten. Bayern – Berchtesgaden – Pfaffinger – zwei Eintragungen fand ich. Wir wählten die
Nummer der ersten Eintragung. Wenn es nicht die richtige
Nummer gewesen wäre, so hätten wir noch einen Versuch
gehabt. Es war die richtige! Mir fiel ein riesiger Stein vom
Herzen. Nicht vorzustellen, wenn niemand abgehoben
hätte. Nicht auszudenken! Eine ältere Dame nahm den
Hörer ab und ich hörte in tiefstem bayrischen Dialekt:

„Pfaffinger hier". Ich bat darum, mit Ingrid sprechen zu dürfen. „Ihre Partnerin ist mit ihrer Mutter weggefahren, sie kommen heute erst sehr spät zurück." Die Antwort traf mich so, dass ich Angst bekam. Die Nachricht musste sofort übermittelt werden. Zeit hatte ich nicht. Eine Verzögerung konnte alles ins Wanken bringen. Ich musste unbedingt verhindern, dass Ingrid in den Osten zurückfuhr, dass sie meine gelungene Flucht ad absurdum führte. Frau Pfaffinger sollte von der Flucht in Kurzform erfahren. Schnell hatte ich alles erklärt, meine Situation und die meiner Tochter dargelegt, die Lage im Allgemeinen erläutert sowie die Gefahr beschrieben, die ein Informationsverlust hätte bedeuten können. Mit zittriger Hand, aufgeregt ob der Schilderung, schrieb sie auf ein kleines Stück Papier:

„Ingrid auf keinen Fall in die DDR / Mann und Tochter gut in Westberlin gelandet / Opa informieren in Inzing"

Wieder war ich auf die Hilfe eines mir unbekannten Menschen angewiesen. Und wieder hoffte ich auf ein gutes

Ende. Glaubte sie mir, war alles gut. Glaubte sie mir nicht, war die Katastrophe nah. Ich konnte nichts mehr tun, nur noch hoffen und nur noch vertrauen. Viele Unsicherheiten! Das Gespräch endete so, dass ich ihr einen erneuten Anruf von mir am folgenden Morgen ankündigte. Funktionierte mein Vorhaben, würde Ingrid nicht zurückfahren und wäre am nächsten Morgen erreichbar. Erreichte ich sie nicht, wäre die Katastrophe da.

Inzwischen waren wir im Übersiedlerlager in Marienfelde angekommen. Eric verabschiedete sich mit dem Versprechen, uns am folgenden Tag zu besuchen. Im Lager begann der Aufnahmevorgang mit dem Ausfüllen einiger Papiere und der Zuweisung eines Zimmers. Das Zimmer erinnerte an die Räume des Ferienlagers oder an die einer Kaserne. Zwei Doppelstockbetten aus Rohrstahl, ein kleiner quadratischer Tisch mit vier Stühlen und ein Schrank. Uns war das einerlei, der Verpflegungsbeutel war viel interessanter. Alles war so ungewohnt bunt verpackt. Es war schön anzusehen, doch Wurst und Käse schmeckten in Sachsen besser. Der Tag, der bedeutendste Umbruch in unserem Leben, hinterließ seine Spuren in Form von körperlicher Müdigkeit und geistiger Unruhe. Die Betten hatte ich schnell bezogen und Peggy schlief sofort ein. Unsere wenigen Habseligkeiten verstaute ich im Schrank. Von den beiden Taschen, die ich mitgenommen hatte, besaß ich nur noch eine. Die zweite Tasche mit dem Porzellangefäß hatte ich Eric als Dankeschön gegeben. Er nahm sie an sich und bedankte sich zurückhaltend. Den Grund seiner Zurückhaltung sollte ich später erfahren. Im Bett entluden sich die Ereignisse des Tages in Gedankenexplosionen. Die Gedanken machten aus meinem Gehirn ein aufgewühltes Meer. Sie sprangen hin und her und glaubte ich einen klaren Gedanken fassen zu können, schoss ein neuer hervor und verdrängte den vorherigen. Nach einiger Zeit war der Tag auch für mich zu Ende. Ich schlief ein, bis ich von einem lauten Poltern an der Tür zu träumen begann. Das Klopfen wurde lauter und durchdringender. Wieder klopfte es. Ich stand auf und öffnete die Tür, zu der ich mich im Dunkeln getastet hatte, um Peggy nicht zu wecken. An der geöffneten Tür starrte ich in zwei Gewehrläufe und erschrak zu Tode. Diese Uniformen kannte ich, die gleiche trug Eric. Jedoch hatten die beiden Soldaten weiße Armbinden und einen ebensolchen Streifen am Stahlhelm. „Are you Mister Spitzner?" wurde ich gefragt und nach der Bejahung forderten mich die beiden auf, ihnen zu folgen. Irgendwie erinnerte mich die Situation an den Tag, als ich unerwarteten Besuch von der Staatssicherheit erhielt. Um meine Tochter wolle man sich kümmern, ich bräuchte keine Angst zu haben, wurde mir versichert. Schnell war ich angezogen und schon nach fünf Minuten Fußmarsch saß ich einem freundlichen amerikanischen Offizier gegenüber. Er kam gleich zur Sache. Vor allem wollte er den Grund meiner Flucht erkunden, wie ich in den Westen Berlins gelangt war und wer mir geholfen hatte und wie viel Geld mich die Flucht gekostet hatte. Ich hatte nichts zu verbergen, wollte aber auch meinem Fluchthelfer keine Schwierigkeiten machen. Ich erzählte wie es war. Eric hatte nichts verlangt, die Tasche mit dem Porzellan erwähnte ich nicht, warum sollte ich! Aus dem anfänglich steifen Verhör wurde zusehends ein angenehmes Gespräch. Ihn interessierten die Umstände und Gründe der Flucht, die Einstellung meiner Person zum Staatssystem der DDR, mein Beruf, meine persönlichen Verhältnisse. Zu diesem Zeitpunkt konnte ich nicht wissen, dass sich Eric am Abend der Flucht bei seinem Vorgesetzten gemeldet und den Hergang der Flucht detailliert dargelegt hatte. Zwei Stunden später verabschiedete mich der Offizier und wünschte mir und meiner Familie viel Glück im Westen Deutschlands. Nun endlich konnte ich mich zur Ruhe begeben. Ich hatte mein Limit für diesen Tag mehr als erreicht.

Spät am Abend kehrten die beiden Frauen von ihrem Ausflug nach Wien zurück. Für das vom Munde abgesparte Geld hatten sie sich diese Fahrt gegönnt, den Tag genossen, die herrliche Stadt an der Donau besucht. „Wien, Wien, nur du allein" mögen sie wohl auf der Heimfahrt gesungen haben. Doch, das Singen sollte ihnen bald vergehen. Den Tag noch in den Sinnen, kehrten sie in die Pension zurück. Es war spät. Müde von den zahlreichen Eindrücken, der langen Busfahrt, ging Ingrid gleich auf das Zimmer. Ihre Mutter meldete sich nur noch bei der Herbergsdame, um mitzuteilen, dass sie wieder zurück seien. Ein kleines weißes mit zittriger Handschrift beschriebenes Stück Papier. Eine das Leben schlagartig verändernde Information. Frau Pfaffinger übergab ihr die Notiz. Viele Worte machte sie nicht, nur, dass der Schwiegersohn angerufen habe und er mit seiner Tochter in Westberlin sei.

Die Situation ist schwer mit Worten zu beschreiben. Man muss wissen, dass die DDR Besuche zu Verwandten, die illegal in den Westen gegangen waren, unmöglich machte. Für viele Jahre wurde der Kontakt aller an der Flucht Beteiligten und Unbeteiligten unterbunden. Die Kontaktsperre konnte zehn Jahre dauern und länger. Peggy war gerade einmal sieben Jahre alt. Genau diese Gedanken schossen Ingrids Mutter wahrscheinlich schlagartig durch den Kopf. Ihre Fassungslosigkeit mündete in Tränen, in einem Weinkrampf. Was sollte nun geschehen? Sollten die Familien getrennt werden? Für sehr lange Zeit? Sollte Peggy, das einzige Enkelkind, aufwachsen, ohne die Zuwendung der Großeltern empfangen zu können? Sollte man die einzige Tochter lange Zeit nicht mehr sehen können? Es brach über sie wie ein Unwetter herein. Zu einer normalen Regung war sie in diesem Moment nicht fähig, sehr deutlich sah sie die Trennung wie ein Damoklesschwert über ihrem Haupt schweben. Ihre Tränen wollten nicht enden. Ingrid wusste zu dieser Zeit noch nichts, war noch in Gedanken in Wien.

Ingrids Mutter tastete sich die Treppen empor. Der Boden unter ihr wankte. Tränenerstickt gab sie den Unheilsboten in Papierform an ihre Tochter weiter. Beide weinten, beide wussten nicht, was dies alles bedeuten sollte, was die nächsten Stunden und Tage bringen würden. Nachdem sich die ersten emotionalen Flutwellen gelegt hatten, fand Ingrid als erste wieder zu annähernd normaler Reaktionsfähigkeit zurück. So schnell wie möglich wollte sie zu uns kommen, nach Westberlin. Einfach sollte das nicht werden. Zwischen Berchtesgaden und Berlin lag die DDR. Es kam nur ein Flug in Frage. Aber wovon sollte der bezahlt werden? Die Situation war noch verworrener, denn nicht nur Ingrid und ihre Mutter waren im Westen, nein, auch ihr Vater. Er hatte ebenso die Erlaubnis erhalten, seine Schwester in Inzing besuchen zu dürfen. Er hielt sich noch bei ihr auf. Eigentlich hätte alles gepasst. Die gesamte Familie war im Westen. Die Frage, ob alle im Westen bleiben sollten, war in den Raum getreten wie ein ungebetener Gast. Schon viele Jahre lang schwelte der innere Widerstand gegen das System. Auch Ingrids Vater bekam es knallhart zu spüren. Er war Christ, gegen Kommunisten und doch ein gutes Mitglied der Schafherde. Sein Groll war eher verhalten. Offen äußerte er sich nur im engsten Kreis seiner Familie. Auch er scheute, wie viele, den Konfrontationskurs. Auch er hatte Angst vor Repression und beruflicher Ausgrenzung. Sein Herz sagte etwas anderes als sein Mund. Die Vernunft behielt die Oberhand.

Nachdem die Situation solch eine dramatische Wende genommen hatte, nachdem alles hätte so einfach sein können, nachdem alle im Westen waren, musste eine Entscheidung getroffen werden. Wer bleibt, wer geht zurück? Bleiben alle? Für Ingrids Mutter gab es nichts zu entscheiden. Für sie stand fest, eine „kalte" Flucht konnte nicht in Frage kommen. Sie wollte zurück in ihre kleine Zweizimmerwohnung unter dem Dach in der Haydnstraße in Karl-

Marx-Stadt. Die Wohnung hatte sie vor vielen Jahren mit ihrem Mann übernommen, eine unverschämte Abstandssumme an den Vermieter gezahlt und die vier Wände unter Mühen und Anstrengungen gemütlich und sehr geschmackvoll eingerichtet. Das wollte sie nicht einfach aufgeben. Zu schwer war jedes Stück organisiert und erspart worden. Nein, so ein Lebenswerk wollte sie niemandem überlassen. Die Rückkehr war beschlossene Sache. Es galt nur noch, die Information weiterzuleiten, die Nachricht ihrem Mann zu übermitteln. Doch wie würden die Behörden in der DDR reagieren? Würden sie ihr Mitwisserschaft vorwerfen? Dies hätte nach geltendem DDR-(Un-)Recht zumindest eine Verurteilung bedeutet. Noch weiter gesponnen, hätten die DDR-Organe Fluchthilfe annehmen können. Natürlich wäre auch das Grund genug für eine Haftstrafe gewesen. Was kam auf sie zu? Die Angst und die Ungewissheit setzten ihr sehr zu. Es wurden schlaflose Nächte mit grausamen Gedankenspielen. Ruhe zu finden, war nicht möglich. Unglaublich viele Varianten spielte sie in ihrem Gehirn durch. Dennoch, jetzt musste gehandelt werden. So oder so, egal wie alles kam. Zuerst musste organisiert werden, dass Ingrid nach Westberlin kommen konnte. Doch der Flug nach Berlin kostete Geld, Ingrid hatte es nicht. Auch ihre Mutter konnte ihr nicht so viel Geld geben, weil sie es ebenfalls nicht besaß. So brachten sie gemeinsam die für die Daheimgebliebenen gekauften Geschenke in die Läden zurück. Die Schilderung der abenteuerlichen Flucht und der daraus entstandenen Notsituation erweichte jedes Verkäuferherz und so wurde der von mir sehnlichst erwartete Sennheiser Kopfhörer wieder zu Barem gemacht. Auch die anderen Kleinigkeiten traten ihren Rückweg über den Ladentisch an und kehrten in Form von Münzen und Scheinen in die Geldbörse zurück. Außerdem erfuhren sie sehr viel Herzlichkeit und gute Wünsche wurden ihnen mit auf den Weg gegeben. Die schönen Geschenke waren trotzdem weg. Das zusammen-gekratzte Geld reichte noch nicht ganz für ein Flugticket, so dass den Rest ihre Mutter sponserte. Am nächsten Tag sollte schon der Flug nach Berlin gehen. Wichtig war nur, den richtigen Flughafen anzusteuern. Berlin hatte drei Flughäfen, einer davon war im Ostteil. Der durfte es auf keinen Fall sein. Nein, Tegel oder Tempelhof. Nur nicht Schönefeld!

Nachdem Ingrid alles eingepackt und die Abreise zu uns nach Berlin vorbereitet hatte, galt es, einen der schwersten Momente zu überstehen. Abschied von der Mutter. Für wie lange sollte es sein? Wann konnte man sich wiedersehen? Wann wieder in den Armen liegen? Weshalb war das System der DDR so menschenverachtend? Warum galten so banale und doch fundamentale Dinge wie Familie nichts? Warum wurden Menschen wie Tiere behandelt? Warum nicht ihre einfachen Bedürfnisse beachtet? Es war kein Wunder, dass immer mehr Menschen der DDR den Rücken kehrten, sie im wahrsten Sinne des Wortes flüchteten. Immer war das Thema Flucht ein Thema der anderen, ein Thema der Freunde, nur ein Gedanke für uns. So konkret brach es nun wie ein Gewitter über uns herein.

Von Berchtesgaden fuhren beide Frauen mit dem Zug nach München. In München bei der Bahnhofsmission fragten sie, wie man zum Flughafen kommt und da sie kein Geld hatten, spendierte die Mission das Ticket. Dann war der Moment des Abschiednehmens gekommen. Viele Worte konnten sie nicht mehr finden, alles war bereits in der Nacht vorher gesagt beziehungsweise geweint worden. Ein kalter Schauer durchfuhr beide, als sich die Tür des Zuges schloss. Würde die Tür aus Glas und Eisen sie für lange Zeit trennen? Sie wussten es nicht, keiner wusste es. Tränen flossen. Ungewissheit begleitete Mutter und Tochter. Auf dem Flughafen München angekommen, löste die Aufgelöste das Ticket. PanAm flog die Strecke nach Westberlin. Durch die besonderen Rechte der Alliierten durfte keine deutsche Luftfahrtgesellschaft diese Flüge anbieten. Das Flugzeug hob ab. Mit ihm flog Hoffnung. Unten stand Traurigkeit. Nach einer guten Stunde setzte das Flugzeug zur Landung an. Die Lichter des Flughafens leuchteten wie ein Strahl der Hoffnung. Ingrid wollte so schnell wie möglich zu uns. Die Zeit lief weiter, weiter in Richtung Familie. Nachts in Berlin, als Frau allein kein ungefährliches Unterfangen. Auf dem Flughafen fragte Ingrid sich nach einer Verbindung in das Stadtzentrum durch. Der Busfahrer bemerkte ihre Herkunft und rief laut in den Bus: „Die Dame fährt auf meine Rechnung." Das war erst einmal geschafft. Berlin hatte Ingrid und Ingrid hatte Berlin. Bis zum Bahnhof-Zoo wurde sie mitgenommen und auf Geheiß des Fahrers ging sie zuerst zu einer Polizeistation. Freundlich erklärten die Beamten, dass sie gern die Fahrt nach Marienfelde in das Aufnahmelager organisiert hätten, aber da in der Nacht so viel los war, hatten sie kein Auto frei. Also versuchte es Ingrid am Taxistand. 40 Mark für eine einfache Fahrt, das Geld hatte sie nicht. Gerade einmal 30 Mark waren übrig. Also blieb ihr nur die Fahrt mit der U-Bahn. Linie 1 fuhr nach Marienfelde.

In Karl-Marx-Stadt gastierte ein paar Jahre zuvor das Grips-Theater aus Westberlin mit dem Musical „Linie 1". Erinnerungen wurden wach. Jetzt konnte sie auch diese berühmt-berüchtigte Strecke in Berlin nutzen und das auch noch nachts. Genau wie im Musical geschildert, traf sie ebenfalls die verschiedensten Typen. Zwei hilfsbereite junge Männer schützten sie vor einem angetrunkenen Mitmenschen, der ihre Hilflosigkeit bemerkt hatte und sich ihr nähern wollte. Bepackt mit einer Tasche und einem leichten Stoffkoffer fuhr sie zu uns. Von der Polizei aus hatte sie zunächst im Lager angerufen und so wusste ich, wo ich sie abzuholen hatte. Dem Herrn am Telefon sagte sie, dass sie zu ihrem Mann wolle. Ich hatte sie als meine Lebenspartnerin angekündigt. Das konnte der Mitarbeiter des Aufnahmelagers nicht ganz verstehen. Er teilte mir mit, dass er keinen Ärger wolle, wenn die zwei Frauen hier aufkreuzten. Ich klärte ihn darüber auf, dass die beiden Frauen in ein und derselben Haut steckten. Das beruhigte ihn.

Der Zug hielt, die Tür der U-Bahn öffnete sich und wir standen uns gegenüber. Nicht einmal die Filmfabrik Hollywood hätte diesen Moment kitschiger in Szene setzen können, als er in Wirklichkeit war. Wir fielen uns in die Arme, die Tränen flossen in Strömen. Zusammen würden wir stark sein und die Herausforderungen schultern. Der Moment sagte alles, auch ohne Worte. Mit dem Bus fuhren wir zu Peggy, die fest in ihrem Stahlbett im Lager schlief. Nachbarn hatten sich bereit erklärt, auf sie aufzupassen. Schlaftrunken konnte sie die Ankunft ihrer Mami nicht genießen, erst am darauffolgenden Morgen verstand sie, was geschehen war und dass es kein Traum war.

Der Tag des Mauerfalls

Oberstein neben Idar, Oberstein an der Nahe, Idar nahe Oberstein, egal wie man es dreht, Idar-Oberstein wurde im September 1989 unsere neue Bleibe. Heimat kann ich nicht sagen, weil Heimat mehr bedeutet. Heimat ist Verbundenheit auch im Inneren. Mit Idar-Oberstein verbanden wir den Neuanfang im Westen Deutschlands.

Die Stadt besteht aus zwei Teilen und bis heute kann ich nicht erklären, warum man die Stadt nicht Oberstein-Idar genannt hat. Idar ist viel kleiner als Oberstein. Die beiden Teile des beschaulichen Fleckens Erde sind miteinander verwachsen und der Übergang von einem Teil zum anderen kaum wahrnehmbar. In Idar hatte einige Jahre zuvor eine Lobby Verrückter ein Gebäude errichten lassen, die Edelsteinbörse. Ein überdimensional großes Hochhaus steht wie ein Fremdkörper in einem malerischen Tal und zerstört einen ganzen Stadtteil. So zumindest empfinde ich dieses Monsterbauwerk. Und es ist nicht einmal ein architektonisch interessanter Bau. Nein, einfach ein gerader und geschmackloser Klotz. Vielleicht haben Menschen dieser Region einmal den Mut und die Kraft, diesen Stachel aus ihrem Fleisch zu ziehen. Besonders beeindruckt waren wir von der überbauten Nahe, die mitten durch die kleine, in einer felsigen Schlucht gelegene Stadt fließt. Da es in Oberstein eng zuging, wurde kurzerhand eine Betondecke über den Flusslauf gelegt. Es sah zwar nicht mehr so romantisch aus, aber viele Probleme waren damit schlagartig gelöst. Denn durch den vormals sehr engen Straßenverlauf starben jährlich mehrere Menschen. Hauptsächlich durch die Fahrer, die das nicht bedachten oder die Fußgänger, die den Verkehr kurzzeitig ignorierten. Bekannt ist die Stadt durch zwei weitere Sehenswürdigkeiten. Fährt man vom Osten in die Stadt, so strahlt die Felsenkirche die Besucher in unschuldigem Weiß an. Auf einem Felsmassiv errichtet, gehört sie zu den Wahrzeichen der Stadt. Der Felsen gab auch den verschiedensten Geschäften ihren Namen. So gibt es unter anderem auch eine Felsenapotheke. Idar-Oberstein ist weltweit das Zentrum der Edelstein verarbeitenden Industrie. Fast in jedem zweiten Haus sind Händler, Schleifer, Juweliere mit den Preziosen beschäftigt. Die Konzentration auf fast nur einen Bereich der Wirtschaft hatte ich vorher so noch nie gesehen. In der Fußgängerzone reiht sich Schmuckgeschäft an Schmuckgeschäft. Die ganze Region lebt davon. Auch ich sollte bald in die Welt der Edelsteine eintauchen. Aber der Reihe nach.

In Berlin Marienfelde, dem Aufnahmelager, war der Zeitpunkt der Entscheidung gekommen. Wohin sollten wir gehen, wo unsere Zelte aufschlagen, wo fortan leben. Das Lager mussten wir verlassen, Platz schaffen für neue Flüchtlinge. Verwandte im Westen Deutschlands hatten wir nicht, die wir als Anlaufpunkt hätten ansteuern können. Also sollte die Intuition helfen. Eigens für diesen Zweck gab es im Lager eine Stelle, die uns behilflich war und die die Verteilung der Flüchtlinge koordinierte. Hamburg, das Saarland und Rheinland-Pfalz standen nur noch zur Auswahl. Ein Blick auf die Landkarte und für uns stand fest, was wir als gebürtige Mittelgebirgler nicht wollten, Hamburg. Heute frage ich mich warum, aber wir wollten unsere Berge und nicht das flache Land. Hamburg war somit aus dem Rennen. Saarland? Da war doch was? Richtig, unser großer Parteivorsitzender Honecker kam aus dem Saarland. Vielleicht sind die Leute dort wie er? Also das Saarland war ebenfalls raus. Natürlich war die Überlegung dumm und mit nichts zu begründen, aber trotzdem ließen wir diese Variante fallen. Es blieb das Rheinland oder besser gesagt die Pfalz. Oder beides? Egal. Unbekannt war für uns alles. Wir hatten uns darüber noch keine konkreten Gedanken gemacht.

In Berlin wurde unsere Entscheidung in Flugtickets umgewandelt. Sie brachten uns mit der PanAm nach Frankfurt am Main. Der riesige Flughafen und das Wirrwarr in den Gängen und an den Schaltern waren für uns ein ungewohntes Bild. Auch die Anbindung der Bahn an den Flughafen faszinierte uns. Wir stiegen in den Zug nach Idar-Oberstein und waren gespannt auf unsere neue Welt. In Oberstein erwartete uns Herr Cullmann von der Arbeiterwohlfahrt. Er brachte uns in einem Kleinbus in das Auffanglager der Stadt. Eine kleine Einraumwohnung mit drei Betten, einer Küche für alle auf dem Gang und einer mehr kleinen als feinen Duschkabine sollte uns für die nächsten Wochen Schutz bieten. Die Anmeldeformalitäten erledigten wir schnell, die Ausweispapiere beantragten wir ebenfalls. Die kleine Stadt gefiel uns ausgezeichnet. Alles war gepflegt, die Menschen nett und der pfälzische Dialekt ungewohnt. Das allseits zur Begrüßung verwendete „Jo" hatten wir schnell verinnerlicht.

Im Arbeitsamt staunte der etwas lethargisch anmutende Mitarbeiter nicht schlecht, als wir die übergebenen Formulare schon am folgenden Tag ausgefüllt zurückbrachten. Ungläubig schaute er uns fragend an. Wir wollten, so schnell es ging, wieder arbeiten und hatten keine Lust auf langes Warten. Im Übersiedlerheim gab es auch eine Kleiderkammer und die Mitarbeiter freuten sich, dass ich etwas Russisch sprach und sie bei ihrer Arbeit unterstützen konnte. Ich teilte also mit ihnen die Spenden aus und freute mich über jedes Stück, was auch wir gebrauchen konnten. Wir hatten nicht viel mitnehmen können, wir fingen sozusagen wieder bei null an.

Peggy wurde in der Schule angemeldet und ihre Kontaktfreudigkeit half ihr, schnell Freunde zu finden. Die Schule in Göttschied tat ihr sehr gut. Ingrid hatte alle Hände voll zu tun, uns zu versorgen, so dass ich allein auf die Suche nach Arbeit ging. In der Fußgängerzone stand eine Klapptafel mit der Aufschrift: „Suchen weibliche Aushilfskraft für unser Sonnenstudio". Mutig ging ich zur angegebenen Kontaktadresse und fragte nach der Stelle. Dass ich nicht weiblich war, erkannte der freundliche Besitzer natürlich augenblicklich, trotzdem stellte er mich ein. Er hatte keine passende Alternative und war froh, dass er nicht mehr selbst die Sonnenbänke nach jeder Benutzung reinigen, Geld wechseln und aufpassen musste. Für 5 Mark Stundenlohn kamen wir erst einmal über die Runden. Im ALDI nebenan konnten 5 Mark schon eine Menge Lebensmittel bedeuten. Lange sollte meine Sonnenbankkarriere nicht dauern. Schon eine Woche später erzählte mir ein Heiminsasse, dass er sich selbstständig machen wolle und seine Tätigkeit bei einem Schmuckhändler aufgeben müsse. Die Adresse des Händlers gab er mir bereitwillig und Stunden später stand ich vor der „Größten Edelsteintruhe der Welt" in Idar. Ein freundlicher Herr begrüßte mich. Ich erkundigte mich nach der frei gewordenen Stelle und nach einer kleinen Unterhaltung stand mein neuer Arbeitsplatz fest. „Sie können bei mir arbeiten." Martin Schupp, eine Seele von Mensch, ein Allrounder, wie er im Buche steht. Jeder kennt ihn, jeder mag ihn, vom Fußballverein bis zum Heimatverein. Martin ist eine Instanz. Wir tasteten uns langsam aneinander heran. Was er mir zutrauen konnte, wusste er noch nicht. Zuerst musste ich seine Garage reinigen, Steine klopfen, Schaukästen vor den Laden stellen und wieder wegräumen. Dann klebte ich stundenlang kleine Steine an Schlüsselanhänger oder auf bedruckte Papptafeln. Später wuchs sein Vertrauen in meine Fähigkeiten und so durfte ich die wertvollen Pakete mit Schmuck zur Post bringen, zu Messen mitfahren und auch schon den einen oder anderen Kunden bedienen. Über Edelsteine habe ich in dieser kurzen Zeit sehr viel gelernt. Martin liebte die Steine, den Sport und die Geselligkeit. Immer wieder wollte er unsere Fluchtgeschichte hören. Immer wieder musste ich ihm von unserem Leben in der DDR erzählen. Oft saßen wir stundenlang in den Kneipen von Idar und unterhielten uns darüber. Eine herzliche Freundschaft verbindet uns noch heute. Bei Treffen schwärmt er immer noch von einem Bild, dass Peggy ihm gemalt hatte. Es zeigt eine lange Wurst. Die Detailtreue fasziniert ihn.

Im Übersiedlerheim wurde ein Fest organisiert, um unsere Integration zu erleichtern. Einheimische sollten sich mit uns treffen und bei Musik, Kaffee und Kuchen kamen wir uns näher. Eine tolle Geste. Für Ingrid und mich bot diese Veranstaltung nach langer Abstinenz wieder einmal die Gelegenheit, unser Tanzbein zu schwingen. Das Tanzen fehlte uns. Waren wir doch sonst immer zwei bis drei Mal in der Woche auf unseren Tanzbeinen. So lernten wir Familie Anders aus Kirschweiler in der Nähe von Idar-Oberstein kennen. Wir sprachen sehr lange miteinander und auch sie faszinierte unsere Fluchtgeschichte.

Kurzerhand luden sie uns zu sich ein. Wenige Tage später saßen wir in einem zauberhaften Haus und waren bei ihnen zu Gast. Aus der ersten Begegnung entstanden weitere und der Kontakt wurde ein dauerhafter.

In Idar-Oberstein besuchte uns auch Eric. Nach der Flucht hatte er ein Disziplinarverfahren erleiden müssen. Ordnung musste sein. Was er für uns getan hatte, war in der amerikanischen Armee verboten und musste geahndet werden. Eine Entlassung brauchte er nicht zu befürchten, aber er war nach Aschaffenburg strafversetzt worden, welch ein Glück für uns. So konnte er uns ab und zu sehen. Aus den PX-Läden brachte er stiegenweise Cola und Kartoffelchips mit. Wir freuten uns riesig. Wieder einmal war Eric bei uns. Er bat mich, zu seinem Auto zu kommen. Ich war mir sicher, dass er wieder diverse Naschereien bei sich hatte. Doch diesmal hatte ich falsch getippt. Er forderte mich auf die Porzellanfigur, die ich ihm als Dankeschön gegeben hatte, in unser Zimmer zu tragen. Er wollte nichts von uns haben. Die Figur hatte er nur für uns aufbewahrt. Er hatte Angst, jemand könne sie uns stehlen. Soviel Selbstlosigkeit machte mich sprachlos. Jahre später besuchte ich Eric in den USA und konnte ihm mit einer silbernen Taschenuhr und dem gravierten Datum der Flucht unsere Dankbarkeit erweisen. Leider ist der Kontakt zu unserem Fluchthelfer Eric Yaw abgebrochen. Vielleicht lebt er heute wieder auf den Palauinseln, seiner ursprünglichen Heimat.

Wieder einmal waren wir im Hause Anders in Kirschweiler zu Gast. Liebevoll wurde der Tisch für das Abendessen gedeckt. Es war der 9. November 1989. Wir beschlossen noch kurz die Tagesschau anzuschauen. Was wir an diesem Tag zu sehen und zu hören bekamen, verschlug uns den Atem. Die Mauer sollte gefallen sein. So oder so ähnlich drang es an unsere Ohren. Es erschien uns wie eine Fata Morgana. Nein, war das wahr? Sollte der für ewig geltende Trennkörper unserer Nation wirklich nicht mehr seine schreckliche spaltende Kraft entfalten können? Wir konnten es nicht glauben. Wir verschlangen förmlich jedes Wort, was aus der viereckigen Kiste kam. Es war wie ein Wunder. Alles, was wir als Folgen unserer Flucht erwarten oder eher befürchten mussten, sollte hinfällig werden. Unsere Freunde, unsere Familie, unsere Bekannten sollten nun das bekommen, worauf wir jahrelang gehofft, was wir aber nie für möglich gehalten hatten. Das Gefühl der Unsicherheit wurde durch das Gefühl der Freude ersetzt. Freude und Glück, ein Moment, der wie ein warmes Licht auf uns schien. Wir lagen uns in den Armen. Wir waren überwältigt und sprachlos. Die Nacht dauerte über den Tagesanbruch hinaus. In diesen Stunden dachte keiner an Schlaf. Peggy hatte sich in den Kellerraum zurückgezogen. Bei „Dirty Dancing" hatte sie von unserer Freude nichts mitbekommen. Als der Film zu Ende war, wollte sie verwundert wissen, warum wir so aufgeregt waren.

Oft werde ich gefragt, wenn ihr das gewusst hättet, dann hättet ihr doch noch warten können. Hätten wir es gewusst, hätten wir sicher nicht unser Leben und das eines Fremden in Gefahr gebracht, keine Frage! Hätten viele nicht den Weg über die Botschaften, die Gefängnisse, die Stacheldrahtgrenzen genommen. Nein, wissen konnten wir es so wenig, wie jemand das Wetter in zwei Jahren voraussagen kann. Keiner konnte wissen, wie die Russen reagieren würden. Keiner konnte ahnen, dass Gorbatschow nicht eingreift. Alles hätte auch wie 1953 enden können. Wir waren keine Propheten, aber glücklich. Glücklich mit denen, die jetzt auch in den Genuss der Freiheit kommen konnten und das alles ohne sich und ihre Familien in Gefahr zu bringen. Ohne alles stehen und liegen lassen zu müssen. Ohne alles zu verlieren. Freiheit für ein ganzes Volk, errungen in monatelangen Kämpfen. Der permanente Druck auf die Regierung der DDR und ihre politischen Betonköpfe sprengte die Mauern. Es war einfach nur ein herrliches Gefühl der Dankbarkeit und der überschäumenden Freude. Bedauert habe ich nur, dass ich so weit weg war von Berlin, dass ich die Freude nicht mit denen teilen konnte, die ich so gern bei mir gehabt hätte. Das war der einzige, jedoch unwesentliche Punkt. Ihn konnte ich verschmerzen, er wurde weggespült von der Begeisterung und dem Hochgefühl in uns, in unseren Gastgebern, im ganzen deutschen Volk. Es war wohl nach dem Ende des Zweiten Weltkrieges das erhebendste und schönste Erlebnis für unsere Nation. Freude machte aus den Gesichtern der Menschen strahlend glückliche. Am nächsten Tag zog es uns immer und immer wieder vor die Fernsehapparate, wo wir die neuesten Nachrichten in uns aufsogen. Was war nur in Deutschland los? Was hatte die Maueröffnung für ein weltweites Echo ausgelöst? Euphorie. Ich konnte es mir nicht vorstellen. Jetzt erlebte ich es.

Inzwischen war ich bei einem neuen Arbeitgeber angestellt, einem Bildungsträger, und hatte die „Edelsteintruhe" schweren Herzens verlassen. Aber die Aussicht, wieder vor einer Klasse stehen zu dürfen und meinen Lehrerberuf ausüben zu können, war konkurrenzlos. Martin wollte mich in seiner Firma behalten, er behielt mich als Freund!

Nach einigen Jahren kehrten wir wieder nach Karl-Marx-Stadt zurück. Eigentlich stimmt das nicht ganz, denn die Bürger der Stadt hatten sich in einer Volksbefragung des aufgezwungenen Namens entledigt und so empfing uns Chemnitz mit offenen Armen. Dass wir in unsere Heimat zurückkehren wollten, stand schon am 9. November 1989 fest. Durch den schlagartigen Wandel hatten wir jedoch alle Zeit der Welt. Diesmal konnte alles genau geplant und ohne Risiko ablaufen. Keiner bedrohte uns und keiner hinderte uns daran, dass zu tun, was wir für richtig hielten. In fünf Jahren war Idar-Oberstein zu unserer zweiten Heimat geworden. Viele persönliche Kontakte entstanden und gern kommen wir ab und an dorthin zurück.

Doch unsere Heimat ist und bleibt Chemnitz.

Für Peggy

Kleine heile Seele
Schwebend im Sog der Welt
Gehalten von unendlich vielen Gedanken
Gefrorene Erinnerung
Gefallenes Gefühl
Ein Riss, der Dich verletzt
Keiner fragt, keiner klagt
Du allein trägst schwer daran
Die Zeit legt sich um Dich
Sie hilft Dir zu tragen
Doch Du bist Du
Und sollst es sein

Dein Vater im Jahre 2009 (20 Jahre nach der Flucht)